馬場史津

描画テストの
読み方

事例検討会を通して学ぶ
実施・解釈・所見

Ψ
金剛出版

序　文

　心理臨床においてはクライエント一人一人に適切な援助の方法は何か，どのような心理療法が最適かを知るために，クライエントの訴えに耳を傾け，心の問題に寄り添っていくことが大切です。しかしすべてのクライエントが自分自身の状態を把握して，援助を求めてくる訳ではありません。一人一人の問題を知るためには，本人が訴えることだけでなく，本人がそのときは気づいていない心の中の感情やパーソナリティの特徴を捉えることが必要です。

　そのために，面接や行動観察，さらには他の専門職からの情報だけでなく，心理テストを行って，総合的にアセスメントを行っていきます。心理テストの種類は多くありますが，心の中の状態を知るためには投映法が最適です。投映法はフランク（1939）が，「曖昧な刺激を構造化するとき，人は本人も語れない内面にある私的な欲求，感情，態度などのパーソナリティを表す」と呼んだものであり，シュナイドマン（1956）は精神分析の立場から，投映法を「無意識水準が表出されるものである」と述べました。精神力動的な立場からの無意識という用語を用いなくても，さまざまな心理的問題は，本人が気づいていない事柄から起こることが多いので，臨床心理アセスメントでは，投映法の心理テストが重要になります。

　投映法にも種類がありますが，ロールシャッハ・テストやTATが盛んに用いられるようになった1940年代には，P-Fスタディやソンディテストなどの新しい投映法が発表されました。描画を心理テストとして

用いるようになったのはグッドイナフ（1926）からですが，1940年代にはバウムテストやHTPテストなど多くの課題の描画テストも発表されました。

　描画テストは投映法の中でも，言葉で表現されない感情が，もっともよく表れるので，クライエントを多角的に理解し，援助の方法を考えていく際に有用であるといわれています。それに加えて描画テストは，短時間で実施でき多くの情報が得られるので，心理臨床の現場ではもっともよく使われる心理テストとなっています。

　描画テストに習熟するためには，実施法や解釈法の参考書を読み，大学院の授業や実習先で実践を積み重ねることが必要です。私も学会のワークショップや研修会で描画テストについて解説してきました。

　ある中堅の心理臨床家の研修会で事例検討を行ったときです。その事例の絵には，いくつかの文字も書かれていました。絵の中に文字が書かれるのは，すべてそうだとは限りませんが，統合失調症であることが多いのです。しかしその絵は歪みもなく，統合失調症の人の絵の特徴が全く見られませんでした。それで検査者にいつ文字が書かれたかを尋ねたところ，描画が終わった後，描画後の対話を行っているときに，説明のために書いてくれました，ということだったのです。そのとき，私は描画がすんだら鉛筆を片付けるのは当然だと思っていて，書物にもそこまでは書いていませんでした。それで，中堅の人でもそのようなことがあるのなら，初学者なら，このような細かいことまでも実施法を伝えていくことが必要だと気づかされました。

　また解釈にあたっても，提示した絵の特徴を捉えてまとめていくのですが，絵の各部分の特徴を細かくあげていっても，どのように組み合わせて考えるかが，最初のうちは難しいと思います。まして，絵の特徴の解釈仮説を取りあげたときにパーソナリティの特徴としては矛盾するようなとき，どう考えたら良いのかと戸惑うことがあると思います。実は

そういうときこそ，クライエントの状態を多角的に捉えることができ，本人の気づいていない心の中の感情を把握して，適切な援助の方法を考えることができるのです。事例検討会などで事例を通して伝えていきますが，いざ自分で解釈をまとめるとなると，バラバラの情報しか出てこないということがあります。

　何とかまとめたとしても，それを文章化して，依頼者への報告書を書いたり，クライエントにフィードバックするとなると，どのようにポイントを押さえていくかが分からなくなってしまいがちです。

　馬場先生は私と同じ日本描画テスト・描画療法学会に所属されていて，この数年は学会のワークショップ・研修会などで，特に所見の書き方について講義と演習をされてきています。また，ご自身の大学院で公認心理師や臨床心理士を育てるために，描画テストの実施法や解釈法について丁寧に指導され，事例検討会を開いておられます。描画テストの習熟のために必要な基礎的な事柄を伝え，描画テストの有用性を解き，心理臨床で描画テストがもっと活用されて，クライエントの援助に役立てたいと考えておられます。

　この『描画テストの読み方──事例検討会を通して学ぶ実施，解釈，所見』は，初学者が描画テストの実践で分かりにくいことは何かを考えて，実施法や解釈法だけでなく所見の書き方のポイントまでを解説していく本になっています。それも講義形式で説明を進めておられる第Ⅰ部と，事例検討会形式の第Ⅱ部があり，読者は自分で考えながら読み進めることができるようになっています。内容も基本的な事柄が取りあげてあり，しかも分かりやすく丁寧に書いておられます。

　この本によって描画テストの入り口が広がり，多くの人が描画テストを活用してクライエントの援助に役立ててほしいと思っています。

　馬場先生は，これから描画テストを学んでいこうとしている人を対象に描画テストの実施法，解釈の進め方，そして所見のまとめ方について

書かれていますが，初学者だけでなく，描画テストの所見を書いている中堅の臨床家にも役に立つと思います。

　また，初学者がどういう点を分かりにくいと考えているかが明らかになるので，公認心理師や臨床心理士を育てていこうとしている現場の臨床家や大学院の教員にも参考になると思います。

　多くの心理臨床家に臨床の傍らに置いていただきたい本だと思います。

2024 年 6 月 10 日

大阪樟蔭女子大学名誉教授
日本描画テスト・描画療法学会前会長
高橋依子

はじめに

　心理アセスメントとしての描画テストの歴史は古く，投映法離れが指摘される近年でも，バウムテストをはじめとする描画テストはさまざまな臨床現場で用いられています。しかしながら，初学者には「描画テストは難しい」ものであり，「言葉にするのが難しい」「まとめるのが難しい」との感想が多いのもまた事実です。本書を手に取ってくださった方は彼らの声に共感できる方かもしれません。たしかに，描画テストのテキストは教示や指標を解説し，事例を通じて描画テストの解釈を例示するものがほとんどで，どのようにそれらを言葉にしてまとめていくのか，その過程についてはあまり詳しくは書かれていません。こうした類いのテキストであっても，描画テストの解釈に習熟した人であれば十分に役立ち，被検者像をまとめることができるでしょう。しかしながら，初学者はそもそも押さえるべき絵の特徴がわからない，特徴らしいものを掴んで，それに該当する解釈仮説を調べても，複数の解釈仮説のどれを選択すればよいのかわからない，さらに選択した解釈仮説をどのようにまとめればよいのかがわからない，そのような状況にあるのだと思います。

　私は描画テストが他の検査よりも端的に被検者像を伝えてくれた事例にたくさん出会い，心理アセスメントや心理面接に役立ててきました。現在は公認心理師や臨床心理士を養成する立場にいますが，このままでは描画テストの価値がよく理解されないまま「描画テストは難しい」と敬遠されてしまうのではないかと危惧しています。描画テストを用いた事例検討会であっても，どうしても事例理解に焦点が当てられ，描画テ

ストは解釈された結果だけが報告されます。そのため，事例検討会に参加した初学者は，講師や先輩の解釈を聞いてその時は「なるほど」と思うものの，どうしてそのように解釈されたのかが本当のところよくわからないのではないでしょうか。そのために自分ではなかなか解釈ができるようにならないのだと思います。このような観点から，私はもっと熟練者が思考過程を開示し，初学者に描画テストの解釈がどのようになされているのかを伝える必要があるのではないかと考えるようになりました。

　そこで，大学院生や修了生を対象として，描画テストの解釈過程を学ぶことに重点を置いた事例検討会を開催することにしました。検討会では描画テスト事例の全体的評価，形式・内容分析の過程を議論しつつ，時々ワークを取り入れながら進めました。クライエントの描きそうな絵を想像して描くワークでは，実際のクライエントの絵と照合することで，描画の指標の意味について体験的に理解することができました。10人に満たない少人数の検討会でしたので，参加者全員が発言することになりました。そのため，全6回の検討会が終了したあとには，解釈過程のみならず，各自の実施法などの疑問も共有できたとの感想が多数寄せられました。この事例検討会は私にとっても，初学者にとって何が難しいのかを教えてもらう機会となり，参加者の疑問に答えることで解釈過程を言語化することにつながりました。約1年にわたる事例検討会はとても刺激的で，描画テストの奥深さを再確認することができました。

　検討会の成果は「描画テストの解釈過程——解釈の基礎と所見」（馬場・松田，2022），「心理検査の所見を書く——描画テストを中心に」（馬場，2023）として発表しています。本書の第Ⅰ部はこれらの論文を中心に，これまでに私が担当してきた描画関連の研修会やワークショップの内容を加筆して講義形式に再編したものです。描画テストを学び始めた，あるいはこれから学ぶ人を想定し，描画テストの基礎や事例の解釈において何がなされているのか，できるだけ具体的に伝えるように心がけました。

はじめに

　第Ⅱ部は事例検討会の形式にしました。第Ⅰ部の講義内容について，事例を通して再確認するような編成になっています。描画テストのテキストで事例が提示されてきたのは，やはり事例を通してしか伝えられないことがあるからです。今回は1事例に絞り，事細かに記述しています。1事例で伝えられることは限られていますが，一般的な事例検討会よりも「なぜそのような解釈になるのか」を詳しく解説し，解釈過程の実際を具体的にイメージしてもらえるように工夫しました。本書に掲載した事例は，これまでに体験した事例を組み合わせたものです。また参加者も実際の事例検討会での発言を参考にしましたが，特定の人ではありません。

　本書は第Ⅰ部の講義編から読んでいただいても，先に第Ⅱ部の事例検討会編を読んでから講義編に戻っていただいても構いません。読者のみなさんも架空の事例検討会に一緒に参加し，絵の感想を述べたり，検査者の悩みに共感したり，また参加者の意見に同意したり，意義を唱えたりしながら読み進めてもらえたらと思います。本書がみなさんの描画テストの活用に少しでもお役に立てれば幸いです。

馬場史津

目　次

序　　文 ……………………………………………………………… 3

はじめに ……………………………………………………………… 7

第Ⅰ部　講義編

第1章　描画テストを実施するための基礎知識 …………… 17
1. 心理アセスメントと心理テスト ………………………… 17
2. 描画テストの特徴 ………………………………………… 18
3. 描画テストの選択 ………………………………………… 22
4. テストバッテリー ………………………………………… 27

第2章　描画テストの実施 …………………………………… 31
1. テストの準備と導入 ……………………………………… 31
2. 教示 ………………………………………………………… 32
3. 行動観察 …………………………………………………… 36
4. 描画後の質問（PDI） …………………………………… 40

第3章　描画テストの解釈過程 ……………………………… 45
1. 全体的評価 ………………………………………………… 45
2. 形式分析・内容分析 ……………………………………… 49
3. 個人間比較と個人内比較 ………………………………… 53
4. 解釈仮説のコアイメージを理解する …………………… 54
5. 特徴を立体的に読み取る ………………………………… 65

第4章 所　　見 ……………………………………………………… 73

  1. 心理テストの所見に関する文献レビュー ………………………… 73

  2. 被検者の日常につなげて書く ……………………………………… 75

  3. 自分の言葉で正確に書く …………………………………………… 76

  4. フィードバック ……………………………………………………… 79

第Ⅱ部　事例検討会編

第1章　臨床情報からの仮説生成 ……………………………………… 85

  1. 事例概要を聞きながら仮説を立てる ……………………………… 85

  2. 心理テスト当日の様子と質問紙テストの検討 …………………… 91

第2章　描画テストの実施 ……………………………………………… 97

  1. 率直な感想からスタートする ……………………………………… 97

  2. PDI において何を質問するのか，しないのか …………………104

  3. 絵と PDI の関係性 …………………………………………………110

第3章　描画の解釈 ………………………………………………………117

  1. 絵の細部に目を配る ………………………………………………117

  2. 意味のある特徴を選択する ………………………………………122

  3. 解釈仮説をつなげてまとめる ……………………………………126

第4章　所見とフィードバック ………………………………………137

  1. 所見を書く …………………………………………………………137

  2. Cl にフィードバックする …………………………………………153

  3. 描画テストから心理面接へつなぐ ………………………………161

  4. 事例検討会を終えて ………………………………………………166

初学者のための補講

Q1：描画テストの勉強を始めるとしたら，バウムテストからですか？ ………171

Q2：どうしたら仮説が立てられるようになりますか？ ……………………………172

Q3：描画テストを「受けたくない」と言われたらどうしたらいいですか？ …172

Q4：全体的評価の苦手意識はどうすれば克服できますか？ ……………………173

Q5：ディスクリプションとバウムテストの整理表をチェックする方法との

違いは何ですか？ ………………………………………………………………175

Q6：CI に自由に話してもらえるための配慮は心理面接と同じですか？ ………176

Q7：どうしても絵よりも PDI を優先して解釈してしまいます……………………177

Q8：先生や先輩の意見をきくと，自分の意見がなくなっていくような

気がします。 ……………………………………………………………………178

Q9：フィードバックによって CI が傷つくことはないのでしょうか？ …………179

Q10：どうすれば描画テストの解釈や所見，フィードバックが上達

しますか？ ………………………………………………………………………181

おわりに ………………………………………………………………………183

文　　献 ………………………………………………………………………187

索　　引 ………………………………………………………………………193

第Ⅰ部

講義編

第Ⅰ部は心理アセスメントの一環として描画テストをどう用いるかに関する講義です。描画テストを行うにあたっては，描画テストならではの非言語的・視覚的表現の特徴を理解した上で，心理アセスメントの目的に合わせた描画テストを選択し，一定の専門的な熟練の下で実施します。そして描画テストの解釈過程として，全体的評価の方法や形式分析・内容分析における特徴の見つけ方，解釈仮説のコアイメージから描画の特徴を立体的に読み取り，描画テストの解釈をまとめ所見を作成するイメージを詳しく解説します。

　特に第2章の実施のところでは，みなさんは描画テストの被検者の気持ちを想像しながら，実際に教示に従って絵を描いてみてください。そして，その上で検査者として本書の手続きに沿って自分の絵を解釈してみることをお勧めします。そうすることで，知識としてではなく，体験として描画テストの解釈過程を学ぶことができると思います。

第 1 章

描画テストを実施するための基礎知識

　描画テストは心理テストの一つであり，心理アセスメントにおける情報収集の道具です。道具を使いこなすためには，その道具の持つ特徴を理解する必要があります。本章では，代表的な描画テストを紹介しながら，描画テスト全般の特徴を確認します。また，数ある描画テストの中からどのように描画テストを選ぶのか，描画テストを含めたテストバッテリーについて考えます。

1. 心理アセスメントと心理テスト

　心理アセスメントは「支援を必要としている人に何が起こっているのか，科学的な視点から解き明かす繊細な作業（Schneider et al., 2018/2023）」です。解き明かすという言葉には，謎を解くようなニュアンスがありますが，心理アセスメントはまさに謎解きです。私たち心理職が心理テストを実施して，クライエントの困りごとの背後にある謎を解く。心理テストを実施する前にはわからなかった問題の背景が「なるほど，そういうことだったのか」と腑に落ち，クライエントに役立つ援助が提案できたとき，私たちは仕事のやりがいを覚えるのではないでしょうか。

　心理アセスメントは，クライエントから話を聞き，行動を観察し，心理テストなどを含めた多彩な情報を統合することが求められる「繊細な作業」であり，クライエントの状態を説明する仮説を立てる作業です。クライエントの主訴について，現病歴や家族歴などこれまでに得られた

第Ⅰ部　講義編

情報を整理しながら仮説を立て，標準化されたデータに基づく心理テストによって仮説を洗練し，さらに的確な仮説へとブラッシュアップします。このようなアセスメントは伝統的／情報収集的アセスメント（Finn, 2007/2014）と呼ばれます。

　例えば，主訴や現病歴から統合失調症が疑われる場合に，医師から心理テストの指示が出ることがあります。これは「統合失調症である」という仮説を裏付けるために，心理テストを用いた情報収集を求められていると言えるかもしれません。あるいは，これまでのアセスメントでは情報が不足していると考えられた場合に，新しい情報を得る目的で心理テストを実施するよう求められる場合もあるでしょう。それに応えるために，多方面の情報からクライエントの状態を説明できるような仮説を立てます。近年では，心理テストに基づいて実際に介入していく治療的アセスメント（Finn, 2007/2014）が注目されています。

　伝統的／情報収集的アセスメント，また治療的アセスメントにおいても，心理テストは大きな役割を担っていますが，それぞれの目的にふさわしい心理テストを選択するためには，そのテストの特徴を理解することが必要です。第1章では描画テストの特徴を整理し，描画テストがどのような仮説を検証するときに役立つのかについて解説します。

2.　描画テストの特徴

　描画テストの特徴は，実施の簡便さです。描画テストは紙と鉛筆があればすぐにでも実施が可能です。描画テストの課題内容によって実施時間は異なりますが，1枚の絵を描くために必要な時間はそれほど長くはありません。そのため，面接の時間内にも組み込みやすいテストです。そして，描画テストの最大の特徴は被検者の心の世界が非言語的・視覚的に表現されることです。

第1章　描画テストを実施するための基礎知識

（1）非言語的・視覚的表現

　例を挙げて説明しましょう。インテーク面接では家族歴を聴取します。インテーカーの「ご家族の関係は？」の質問に，Aさんは「家族の仲は良いと思います」，Bさんは「喧嘩するので仲は良くないと思います」と答えてくれたとしましょう。しかし，クライエントの言語的な説明では何か腑に落ちないと思うことはないでしょうか。このような場合に家族画テストを実施し，非言語的な情報を収集することが役に立ちます。例えば，Aさんが描いた家族画はメンバーがそれぞれ自分の部屋で食事を摂っている場面が描かれ，Bさんの描いた家族画はみんなで食卓を囲んでいるときに夕食のおかずを取り合うようなきょうだい喧嘩とそれを両親が笑顔で仲裁している場面が描かれたとしましょう。この2枚の絵から何が考えられるでしょうか。Aさんの家族はつながりが弱く，互いに関わらないが故に喧嘩もしないのでAさんは「仲は良い」と感じているのかもしれないと，情報をまとめることができます。逆にBさんの家族は一緒に食卓を囲み，関わりがあるからこそ，たわいもないきょうだい喧嘩が生じ，そのことをBさんは「仲は良くない」と表現したと考えられます。

　杉嶋（2013）は，言葉は多くの人の共通認識を支える重要な機能を果たすとしながら，言葉のルールで表現し得ない感覚や認識はその存在に気づかれず共感されないと述べています。「仲が良い」という言葉によって大まかには共有できる感覚がありますが，AさんとBさんの「仲は良い」「仲は良くない」という言葉から想像するイメージは，私たちの「仲が良い・良くない」イメージと少し異なっています。家族画を通じて非言語的・視覚的に表現されたそれぞれの家族の関係性を理解することが，より綿密なクライエントの援助につながります。これが描画テストの本質的な特徴です。

　このような特徴を**図1**にまとめました（馬場，2005）。描画テストで

第 I 部　講義編

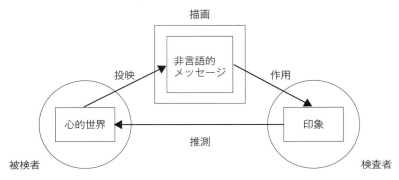

図 1　描画テストによる被検者の理解（馬場，2005）

はテストを受ける人（被検者）の言葉にならない心の世界が絵に投映されます。絵はそれを見る検査者にさまざまな印象を与える作用をもたらします。このような絵から受ける印象をもとにした解釈を通じて，検査者は言語による説明ではときにこぼれ落ちてしまう被検者固有の心的世界をリアルに捉え，推測しようと試みます。心理アセスメントにおいて，クライエントの話す言語的情報に描画テストのような非言語的情報を加えることで，クライエントについての仮説をより立体的に組み立てることができます。

(2) 描画テストに表現されるもの

描画テストに表現されやすい非言語的情報とはどのようなものでしょうか。描画テストは投映法の一つですが，例えばバウムテストは，木の姿に被検者の自己像やその人が周囲の世界をどのように感じているのかが投映されます。言語的には「自信がない」「人と関わるのは苦手」としか表現できない自己像も，絵の中に〈用紙の中に小さく描かれた木〉として表現されることで，その絵を見た検査者は「こんなに小さいのか」

第 1 章　描画テストを実施するための基礎知識

と視覚的に理解し，被検者の周囲に圧倒され縮こまっているような自信のなさをリアルに想像することができます。

　また，被検者の主訴からは予想しにくい病態水準が投映されることもあります。私の体験談になりますが，主治医から被害的な訴えのある不登校のクライエントのアセスメントをするにあたり，知能検査とロールシャッハ・テストのどちらから実施すればよいかと相談を受けました。そこで私は，まずは実施の簡単な描画テストを実施して，その結果から発達的な問題が示唆されれば知能検査から，精神疾患の可能性が高ければロールシャッハ・テストから実施してはどうかと提案しました。主治医はクライエントが美術部に入っていることもあり，描画テストであれば導入しやすいだろうと考え，実施が決まりました。

　心理テストの場面では私の質問にあまり答えてくれませんでしたが，バウムテストでは，一線幹（一本線で表現された幹）と全一線枝（すべての枝が一本線の枝）の木が描かれました。これは知的に問題のない高校生にはほとんど見られない特徴で，精神疾患が強く疑われました。被害的な訴えはあったものの，主治医もそこまでの病態を予想していなかったようで，まさに見えない心の世界を視覚化して伝えてくれた事例でした。この事例では，精神疾患が疑われたため，さらなる情報収集としてロールシャッハ・テストを実施することになりました。描画テストをきっかけに一つの仮説が生成され，さらにその仮説を検証する心理アセスメントが行われた事例です。

　描画テストが疾患の鑑別を目的として実施されることもありますが，岸本（2015）はバウムテストにおいて単一の指標で鑑別診断をすることはほとんど不可能であると指摘しています。前述の事例もバウムテストにおいて一線幹がみられたからこの疾患と鑑別できるものではありません。ある種の疾患に多く出現することが示されている指標であっても，その指標が意味するところを考えることが重要です。例えば，統合失調

21

第Ⅰ部　講義編

症の指標と考えられていた〈メビウスの木〉についても，糖尿病の人にも幹の開いた絵が少なからず見られると報告されています（大倉他，2011）。〈メビウスの木〉が見られたから統合失調症だと判定するのではなく，自我境界が破れて内界と外界が勝手につながってしまった境界の問題が表現されている（岸本，2002）と考えてアセスメントを続けるということです。

3.　描画テストの選択

　描画テストは絵を分析対象とする心理テストの総称であり，実際には描かせる絵の課題によってバウムテスト，人物画テスト，動的家族画など，さまざまなテストが開発されています。描画テストでは課題から喚起されたイメージが表現されるため，それぞれの課題によって得られる情報が異なります。つまり，描画テストを実施する場合にはいくつもある課題の中から，どのような課題を選択するかがとても重要です。

（1）描画テストと生物－心理－社会モデル

　心理アセスメントの枠組みとしての生物－心理－社会モデル（下山，2008, 2021）を参考に，描画テストの種類と位置づけを**図2**にまとめました。

　描画テストに現れる生物的要因の一つは脳科学的要因です。絵を描く行為は脳神経の機能と密接につながっていますので（小川・小川，2019），神経心理学検査として利用される描画テストがいくつもあります。代表的なテストには，幾何学図形を被検者に模写させる**ベンダー・ゲシュタルト・テスト**や，記憶した図形を再生して描く**ベントン視覚記銘検査**，**Rey-Osterrieth 複雑図形**などが挙げられます。これらのテストでは被検者に「描く」ことを求めますが，自由に描くというよりも認

22

第1章 描画テストを実施するための基礎知識

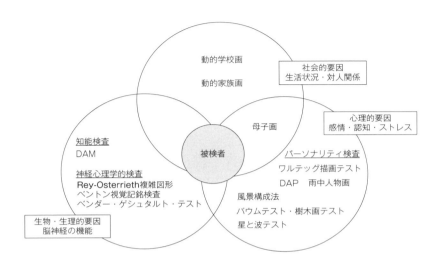

図2 描画テストの種類と位置づけ

知機能を調べることが目的であり、そのため刺激となる図形があることが特徴です。近年では認知機能のアセスメントの需要が高まり、神経心理学的に利用できる描画テストは、簡便さとともに利用価値の高い心理テストと言えます。

　生物的要因には、知的・発達的な要因も含まれます。知能検査は一般的にウェクスラー式知能検査や田中ビネー式知能検査などが利用されますが、どちらの検査でも被検者の言語的な反応が必要です。そこで、言語的反応が難しい児童の知能を測定するという目的であれば、グッドイナフ（Goodenough）が開発した**人物画テスト（Draw-a-Man test：DAM）**が利用できます（Goodenough, 1926；小林・伊藤，2017）。ウェクスラー式知能検査に比べて、得られる情報は被検者の身体像の把握や動作性の知能に限定されるため、DAMによる知能指数の理解には十

23

分な注意が必要です。しかし，おおよその知能指数を把握することが可能であり，2017年には再標準化も行われています。また，子どもの絵の発達の観点から，新版K式発達検査には線の模倣や図形の模写などの課題が含まれています。描画テストとして実施できない場合でも，DAMや新版K式発達検査の知識があれば，絵から大まかな発達的情報を収集することができます。

　感情や認知・思考，信念，ストレス，対人関係といった心理的要因としてのパーソナリティに関する情報を収集する目的からは，多くの描画テストが開発されています。例えば**星と波テスト**は，海の波の表現から揺れ動く情緒的な側面を理解することができると考えられています（香月，2009）。**ワルテッグ描画テスト**は，8個の枠の中に呈示されたさまざまな刺激図の続きを描くテストです。何も描かれていない白い紙に教示にもとづく課題を描くことが多い描画テストの中では，やや異色なテストです。刺激図を取り込むか否か，また描かれる内容の着想には被検者の認知・思考のパターンが表れます（杉浦・金丸，2012）。

　ハマー（Hammer, 1958a）によって紹介された**雨中人物画**は人物画テストの変法ですが，日本では，「雨の中の私」画として普及しました（石川，1985；藤掛，2007）。この描画テストでは雨を外から加えられるストレスの象徴として仮定し，傘やコート，軒下などストレスへの防御の在り方に注目します（藤掛，2007）。被検者のストレスコーピングに関する情報が得られるとともに，人物像の気持ちを考えながら話し合うことで，自己理解につながりやすい技法です。

　ジレスピー（Gillespie, 1989, 1994/2001）により考案された**母子画**は被検者と重要な他者との関係性のイメージ，つまり二者関係が母子像に投映されると仮定されている描画テストです。被検者にとって他者は信頼できる存在なのかなど，被検者の心の中に住む自己と他者の関係性のイメージを取り出すことを目的としています。そのため，心理面接にお

ける面接者とクライエントの関係性の予測に利用することもできる点が特徴です（馬場，2005）。

中井（1970）によって考案された**風景構成法**は，検査者が枠づけした用紙の中に，川から順番に提示される 10 項目を描きこみ，彩色して風景を完成させる技法です。それぞれの項目の象徴的意味を踏まえてどのような形態で描かれるのか，それぞれの配置はいかになされるのか，そこから被検者の心の働きを読みとります。

生物−心理−社会モデルの社会的要因はソーシャルネットワークや生活状況，経済状況などを指しますが，個人の資質というよりも社会的関係性の中での被検者に注目するという意味では，複数の人物像を描かせる**動的家族画**（日比，1986）や**動的学校画**（田中，2012）が該当すると考えられます。動的家族画は家族が何かしているところ，動的学校画は先生や友だちを含めた学校生活を描くように求め，人物像の関係性を独自の指標を設定して分析します。描かれた場面がすべて客観的事実ではなく，被検者の投映であるという視点を持ちながら理解することで，被検者を取り巻く家族，社会的関係性の心的様相を把握することができます。

（2）絵の多義性

描画テストを生物−心理−社会モデルと対応させて分類してきましたが，描画テストでは例えば生物的要因と心理的要因（社会的要因）が 1 枚の絵の中に表現されることがあります（**図 3**）。同じ人物像であっても，知能検査として用いられるグッドイナフの人物画テスト（小林・伊藤，2017）とパーソナリティテストとして用いられるマコーバー（Machover, 1949/1983）の**人物画テスト**（Draw-a-Person test：DAP）があることがそのことを示しています。ある特徴をパーソナリティの側面から解釈するためには，その特徴が神経心理学的・知的（発達的）問題によるものではないということが前提になるということです。例えば，途切れ

図3　絵の多義性

たり震えた描線を不安の兆候であると解釈する前に，神経心理学的な疾患があれば，後者の理解が優先されるのはごく自然なことでしょう。また，神経心理学的検査の結果から，被検者の自信のなさや不安が読み取れることもあります。心理的要因との関連で紹介されることの多いバウムテストですが，高次脳機能障害者を対象に実施した研究（為季・種村,2022）もなされています。脳損傷部位と描画指標の関連は明確ではなく，MRI等の画像を用いた神経心理学的評価のような精度はありませんが，アルツハイマー型認知症患者に実施したバウムテストの研究では木のサイズが認知機能低下の進行の予測に役立つとの報告もあります（黒瀬,2013）。

　絵には認知的特徴や発達的特徴，精神疾患やパーソナリティの特徴などが複合的に表現されますが，それぞれの描画テストには表現されやすい側面があるのもまた事実です。前述した〈メビウスの木〉に表現されるような自我漏洩体験は，人物画テストよりもバウムテストに表現されやすい特徴です。藤田（1990）は，〈メビウスの木〉と同時に描かれた人物画は裸体像であったと報告し，木の表現が中核的問題である自我境界の破綻を最も露骨にアピールしていると述べています。一般的に，私たちは実際の木の形態を実は明確には認知していません。そのため表現

の自由度が高く，自我境界に関する問題を投映しやすいと考えられます。一方で，人物の形態についてはほぼ明確に認知しており，自我境界の問題は表現されにくいと考えられます。このように検査者が精神疾患の特徴と各種描画テストの特質との対応について理解し，知りたい問題がより表現されやすい描画テストを選択する必要があります。

4．テストバッテリー

　心理アセスメントは生物－心理－社会モデルに合わせて，心理テストを選択し組み合わせることが必要となりますが，個々の心理テストで明らかになる側面は限られています。質問紙法は，例えば「あなたは明るいですか」との質問に「はい・いいえ・どちらでもない」と答える形式のテストです。被検者自身が自分のことをどのように見ているのか，ここでは「私は明るい」と思っていることが示されます。しかし，あくまでも被検者自身がそのように捉えている，あるいは被検者がそのように見せたい自分であり，より意識的水準の情報が得られます。一方で，代表的な投映法であるロールシャッハ・テストは，インクの染みが何に見えるかを問うテストです。インクの染みのどこに，どのように見るのか，曖昧な刺激を自由に体験するものであり，本人が気づいていないより無意識的水準の情報が得られます。描画テストも投映法の一部であり，ハマー（1958b）は言葉で反応を伝えるロールシャッハ・テストや主題統覚検査（Thematic Apperception Test：TAT）よりも描画テストのほうがより深層を引き出すと述べています。

　このように，被検者のパーソナリティの側面をより多角的・多層的に，より正確に理解するためには，いくつかの水準の異なるテストを組み合わせて実施することが必要です。このテストの組み合わせを**テストバッテリー**と呼びます。

（1）描画テストと他の投映法テストを組み合わせる

　津川・篠竹（2010）はビギナーのための心理テストバッテリー・フローチャートを作成し，どのような目的に対してどのような心理テストが選ばれるべきかをわかりやすく説明しています。例えば感情障害が疑われるような鑑別診断の補助資料を集める場合には，ロールシャッハ・テスト，自己評価式抑うつ性尺度，風景構成法のバッテリーが提案されています。こうした提案も含めて，テストバッテリーでは質問紙法と投映法を組み合わせることが一般的であり，ロールシャッハ・テストと描画テストのバッテリーでは多層的な評価にならないのではないかと疑問に思うかもしれません。ロールシャッハ・テストは病態水準に加えて防衛機制などを理解する点で優れていますが，被検者の自己像や家族関係についてより詳細な検討が必要であれば，バウムテストや人物画テスト，動的家族画などを組み合わせたほうが，よりダイレクトにそれらのイメージを把握することができます。ロールシャッハ・テストにより被検者のパーソナリティの土台を確かめつつ，描画テストによってさらに必要に応じた情報を補完していきます。さらに投映法のなかでもより意識的水準に近いといわれる文章完成法テスト（Sentence Completion Test：SCT）を組み合わせると，描画テストに表されるより深層の自己像と，SCTに示される比較的日常に近く，より社会的な自己像が組み合わさり，多層的な被検者の理解が可能となります。

（2）複数の描画課題を組み合わせる

　多角的・多層的な情報収集は複数の描画課題を組み合わせることからも可能です。バック（Buck, 1948/1982）のHTPテストや高橋（1974）のHTPPテストはあらかじめ家屋，樹木，人物という別々の題材を一つに組み合わせたテストです。何を描くか（課題）によって表現されるパーソナリティの水準や側面は異なります（高橋，1974）。樹木画，人

第1章　描画テストを実施するための基礎知識

物画の順に社会的・文化的要素が強くなることで，投映される情報がよりパーソナリティの表層部のものとなる（藤掛, 2007）ことを考えると，家屋，樹木，人物の組み合わせは，多層的な理解を目指したテストと言えます。このように，描画テストの中でも表現される水準や側面の異なる題材を組み合わせることは，描画テストが考案された当時から用いられてきました。他にも，杉浦・金丸（2012）は，刺激図形があり構成度の高いワルテッグ描画テストが無意識の中でも意識に近い層を，土に根づいた木の絵であるバウムテストが中間層を，はるか遠い空の星と不定形である海の波で構成された星と波テストが一番深い層を捉えると考えて，これらの描画テストの組み合わせを投映描画法バッテリーと呼んでいます。

　また，他のテストバッテリーと同じように，検査者が目的に合わせて複数の描画テストを組み合わせることも考えられます。臨床場面では，面接者が心理面接の経過中にバウムテストと風景構成法を実施することがあります。ある事例では，面接開始時から何度か風景構成法とバウムテストを実施していました。風景構成法は面接が経過するにつれて徐々に寂し気な雰囲気になっていきましたが，バウムテストはそれに比例するようにサイズは大きく，幹も太くなってしっかりと根付いていきました。この事例の場合，面接者はバウムテストが被検者の自我の強さを表現し，風景構成法は被検者の心象風景を表現していると考えました。そこで面接者はバウムテストに表現されたようにクライエントの健康さが回復していると理解し，面接で語られる寂しい気持ちにも安心して寄り添うことができたと報告されています（宮下, 2023）。この事例は，バウムテストと風景構成法のテストバッテリーを用いた心理アセスメントが，面接において有機的に機能した事例と言えるでしょう。

　ここまでは異なる題材による描画テストを組み合わせる方法でしたが，樹木画テストには1本の木を枠なし・枠ありで2枚描かせる方法，

第Ⅰ部　講義編

また少しずつ教示を変えて実施する３枚法という技法があります。枠なし・枠あり法とは，通常の方法（枠なし）と，白い用紙に検査者が黒のマジックで枠づけしてからその中に描かせる方法（枠あり）の２枚を実施する方法です。「枠」は自己と自己でないものを隔てる境界となり，境界は外部から自己を規制する圧力作用と，自己で在り続けようとする保護作用の二つの意味を同時に持つことになります（沼田他，2016）。枠の持つ圧力作用，保護作用のもとでより自己の表出を促された枠ありの絵と従来の枠なしの絵を比較することで，被検者の内的側面を力動的に理解することができます。

　３枚法は，１枚目は「木を描いてください」，２枚目は「もう１枚，同じ木でも他の木でもよいですから描いてください」，３枚目は「夢の木を描いてください（美しいと思う木，あるいは庭に植えてみたいと思うような木，思い出に残っている木，想像の木，あるいは空想の木，そうした木を描いてください）」と教示する方法です。１枚目が社会的自己，２枚目が内的自己，３枚目が願望を表すと仮定して解釈します（阿部，2013）。この場合もパーソナリティの３層を比較しながら，被検者を理解します。

　被検者に複数枚の絵を描かせることはそれだけ負担が増えることにはなりますが，多角的・多層的で豊かな情報を収集することが可能になります。検査者が被検者を援助するために必要だと判断する場合には，複数の課題による描画テストのバッテリーも一つの選択肢として考えてよいでしょう。

第2章

描画テストの実施

　描画テストを実施している間にも解釈は始まっています。検査者は被検者が十分に力を発揮できるように準備を整えます。実施にあたってはテキスト的な手順に従うだけでなく，手順の意味とともに理解しておく必要があります。本章ではできるだけ実践に役立つように解説します。

1. テストの準備と導入

　描画テストを実施する場所は，他の心理テストと同様に被検者が落ち着いて取り組める場所を用意します。木を描くテストの場合は，窓の外などに写生できるような樹木がない場所を選びます。また，室内にも参考となるような絵などがないことを確認しておきます。

　描画には一般的に A4 判の用紙（画用紙）と芯の硬くない鉛筆，消しゴムを用意します。A4 判の用紙は白ケント紙と記載されたテキスト（高橋・高橋，2010a）もありますが，ケント紙は白くひっかかりのない用紙です。一般的な画用紙は真っ白というよりも柔らかい白で，少しザラザラしています。ケント紙や画用紙がない場合はコピー用紙で代用することもありますが，それぞれの用紙によって描き心地が違います。また，コピー用紙は他の用紙に比べて劣化しやすいようです。最近は絵を画像ファイルとして保存することも増え，画像の解像度も高くなりました。しかし，やはり原画を見ることで伝わるニュアンスもありますので，保存のことも考えると白ケント紙や画用紙が望ましいでしょう。

第Ⅰ部　講義編

　鉛筆の芯の硬さに決まりはありませんが，検査者が準備する鉛筆は被検者間の比較ができるようにいつも同じ硬さの鉛筆を使用します。筆圧データを収集するつもりで同じ鉛筆の硬さを使用していれば，検査者の中に基準のようなものができて「今回の被検者は筆圧が強い」とか，逆に「今回の被検者は筆圧が弱い」と判断できるようになります。

　実施のための物理的な準備が整えば，次は被検者にテストを受けるための心の準備を整えてもらいます。描画テストだけでなく，心理テスト全般に言えることですが，テストの結果は被検者の動機づけに左右されます。被検者が「あまり受けたくないのですが」と話す背景には，「これで何がわかるのか」「病気のレッテルを貼られるのではないか」といった不安などがあります。そのため，テストを実施する前に被検者が依頼者からどのような説明を受けてきたのかをまず確認し，必要ならそれに対する補足や修正をすることも含めて，今回の心理テストの目的をあらためて伝えます。さらに，被検者が困っていること，自分について知りたいことを話してもらい，被検者自身の目的意識を喚起します。描画テストの場合，しぶしぶ描かれた簡素な絵からは解釈できることはわずかです。このような心理テストを実施する前のやりとりによって，被検者に検査者への信頼感をもたらし，被検者の動機づけを高めます。また，成人の被検者の場合，検査者が「描画テストをしたいのですが」と伝えると「絵は苦手で」と話す人は珍しくありません。検査者は「そうですよね，人前で描くことには抵抗ありますよね」「大人になると絵を描く機会は減りますよね」などと苦手意識に共感しながら，描画テストの目的の説明や教示へとつなげていきます。

2.　教示

　描画テストは，描画テストごとに決められた教示を与えて実施します。

第 2 章　描画テストの実施

代表的な描画テストの教示を**表 1** にまとめました。ここでは木を課題
とする描画テストにも，バウムテストと樹木画テストがあり，それぞれ
に教示が異なることに注意してください。バウムテストの考案者である
コッホの教示は「果物の木を〔1 本〕，できるだけ上手に描いてください」
（Koch, 1957/2010）ですが，本邦では「実のなる木を〔1 本〕描いてく
ださい」と教示することが多いようです。1 本という指示を与える場合
と与えない場合があります。

　一方で，樹木画テストでは「木を 1 本描いてください」と教示します。
描画テストの分析には，一定の教示に基づいて収集された基礎データが
用いられます。石井・藤元（2017）の研究では，「実のなる木を 1 本描
いてください」と教示した場合は対象者の 87％が実を描いたのに対し，
「木を 1 本描いてください」と教示した場合は 82％が実を描かなかった
と報告されています。どちらの教示が良いということではなく，検査者
がどのような教示を用いたのかが解釈の前提になるということです。多
くの人が実を描く「実のなる木を 1 本」という教示であれば実を描かな
いことに意味があり，逆に「木を 1 本」という教示では，実を描くこと
に意味があります。

　人物画テストにおいても，2 枚目に最初に描いた絵の反対の性の人物
を描かせる方法と（Machover, 1949/1983；高橋・高橋，2010b）と 1 枚
で終了するもの（日比，1994）があります。被検者と同性の像，異なる
性の像を比較するという視点が必要であれば 2 枚法を選ぶなど，検査者
の目的に合わせた教示を用います。

　日比（1986）によれば，家族画は 1 枚の用紙に被検者の家族全員の姿
を描くように求めるものですが，ここに何らかの動的要素を加味するこ
とで，得られる情報の質と量が飛躍的に増加するとの観点から動的家族
画が考案されました。ここでの動的家族画では，「あなたの家族」と限
定して描かせる方法です。「人を 1 人描いてください」と教示する人物

33

第Ⅰ部　講義編

表1　描画テストの教示

描画テスト　【用紙の向き】	教示
バウムテスト　【縦】 （岸本，2015）	実のなる木を描いてください。 実のなる木を1本描いてください。
樹木画テスト　【縦】 （高橋・高橋，2010a）	木を1本描いてください。
人物画テスト　【縦】 （高橋・高橋，2010b）	人を1人描いてください。顔だけでなく全身を描いてください。 では，今度は女の人（男の人）を描いてください。やはり顔だけでなく，全身を描いてください。
動的家族画　【横】 （日比，1986）	あなたを含めて，あなたの家族のみんなについて，何かしているところを絵に描いてください。マンガや棒のような人ではなく，完全な人を描いてください。何らかの行為をしているみんなを描くということを忘れてはいけません。あなた自身も描くということを忘れないでください。
母子画【横】 （馬場，2005）	お母さんと子どもの絵を描いてください。

画テストの場合は，現実像だけでなく理想像や，人間一般をどのように認知しているかも表現されている可能性があると考えられます（高橋，1974）。「あなたの家族」と教示しても，「昔はこうだった」「理想の家族を描きました」と説明されることも多くありますが，家族一般のイメージではなく，被検者自身の家族について知りたいという検査者の意図が教示から読み取れます。

　さらに母子画では，「お母さんと子どもの絵を描いてください」と教示します。母子画は家族画の母子版と誤解されやすいですが，対象関係論を理論的背景にジレスピー（1989, 1994/2001）が考案したもので，家族画の考え方とは異なります。これまでの研究によって，母子画には被検者の心の中にある自己と他者の関係性のイメージが投映されると考え

られています（馬場，2005）。被検者自身の母子関係に限定するのではなく，被検者にとっての重要な他者との関係性のイメージが投映されるように，「あなたとあなたのお母さん」ではなく，「お母さんと子ども」と教示します。

　描画テストの教示では，絵の上手下手を調べるものではないこと，しかしいいかげんに描かないで，できるだけ丁寧に描いてほしいこともあわせて伝えることが重視されます（高橋・高橋，2010a）。籾山・馬場（2019）は，樹木画テストで「木を1本描いてください」と教示する場合と「木を1本できるだけ上手に描いてください」と教示した絵を比較した結果，「上手に描いてください」と教示することで，あらかじめイメージを固めてから描く行為が生じやすい，また写実的な木を描くように方向づけられやすく，描きこみが増えたり，逆にうまく描けない箇所は省略しやすいことを報告しています。描画テストは，被検者が心の中で思い浮かべたイメージを，検査者も共有できるように，できるだけそのまま表現してもらうことを目指します。そのため，上手下手を気にするがゆえに被検者が思い浮かべたイメージを変えてしまうことのないように配慮します。

　また，「いいかげんに描かない」ことを伝えることも大切です。人物像を描くテストでは，絵を描くことへの苦手意識からか，数秒で棒人間を描いて終わりにする被検者がいますが，こういった絵はほとんど解釈することができません。木を描くよりも，人物を描くほうが描画テクニックの上手下手が表れやすく，そのため人物画テストや動的家族画では「顔だけでなく全身を描いてください」「マンガや棒のような人ではなく，完全な人を描いてください」という文言が入っています。その他の描画テストにおいても，丁寧に描かれた絵からは多くの情報が得られます。そのため，「上手に」ではなく「丁寧に」描いてほしいと伝えます。

　被検者から質問があれば，基本的に「自由に描いてください」と答え

第Ⅰ部　講義編

ます。解釈に役立つことがあるので，どのような質問がなされたかも記録します。

3.　行動観察

　心理アセスメントには，臨床心理面接，行動観察，心理テストなどから得られる資料が用いられますが，心理テスト実施中の行動観察も重要な情報源です。例えば「落ち着きがない」という主訴の被検者が，実際にテスト中も落ち着きがないのか，「落ち着きがない」という主訴にもかかわらず，テスト中はそうでもなかったとすれば，その理由を考えることがアセスメントにも役立ちます。

（1）被検者の問題解決法を観察する
　描画テストの解釈は完成した絵に対して行われるだけではありません。どのように，何が描かれたのかが描画テストの解釈の対象であり，描画テスト場面で観察された被検者の行動の記録は欠かせません。投映法における反応は，内的世界が真っ白なスクリーンやキャンバスに映しだされたもの（プロジェクター論），あるいは心の内容を直接見ることができる「心のレントゲン写真」（レントゲン論）といったメタファーで説明されるように，主としてどのような心的内容が投映されているかを示すものとして扱われますが，行動面からは，テスト課題をどのように解決するかを示すもの（問題解決論）であると考えられます（Viglione & Rivera, 2013；小川，2015）。テスト全体を考えた場合には，それぞれの側面が複合的に機能していると思われますが，行動観察では問題解決論の視点が役立ちます。例えば，絵を描くことが苦手だと感じている人が課題にどのように対処するのか，描き始めるまでに時間はかかるが描き始めると修正は一切しなかった被検者と，逆にすぐに描き始めたも

のの何度も消しゴムで修正した被検者では理解されるパーソナリティが異なります。テスト場面での行動観察が，日常の困りごとと検査結果をつなげるための架け橋となると言われているように（隈元，2018），テスト場面の行動観察は被検者の問題解決法を目の前で見ることができる貴重な機会です。

行動観察は，教示を伝えたときから始まります。被検者の受け答えや表情，教示の理解の程度，質問の仕方，描き始めるまでの逡巡などが挙げられます。それらを記録するとともに，絵を描いている間も描画順や描画時の様子について，絵を描き終わってからは，後述する描画後の質問にどのように答えたのかなど，被検者の一連の描画プロセスが再現できるような記録を作成します。描かれた絵はテスト後に分析できますが，行動観察の記録は検査者が意識して記録する必要があります。しかしながら，検査者が被検者の目の前で詳細に記録を取ることは被検者に影響を与えかねません。例えば被検者に「間違っているのではないか」「待たせて申し訳ない」といった不安や焦りが生じ，描きこみの少ない絵になってしまうかもしれません。行動観察について加藤（2010）は，注視しすぎず，自分のもっている感性を十分に拓きながら観察することを心掛けていると述べていますが，テストを実施しながらすべてを記録しようとは思わずに，ポイントだけを簡単に記録し，テストが終わってから記録を追加するなどの工夫も考えてみてください。

（2）検査者による実況中継

行動観察では，被検者の様子をスポーツの実況中継のように心の中でつぶやくことも有効です。さらに言えば，初学者は，描画テストを実施する前に被検者の主訴や生育歴や現病歴を読み，被検者の描く絵を想像して描いてみるといいと思います。検査者が想像した絵と，目の前で描かれていく被検者の絵を比較しながら，『そこから描くのか！？』『それ

第Ⅰ部　講義編

を描くのか！？』などと心の中で被検者に話しかけるようなつもりで見守ります。

　図4の絵を用いて，どのような実況がなされるのか例を挙げてみます。検査者の教示を聞いた被検者が30秒以上用紙を見つめていたとします。一般的に教示を聞いた被験者は，その課題のイメージを浮かべます。検査者は『教示をしてから，まだ描き始めません。木のイメージが浮かばないのでしょうか？　少し困ったような表情をしています。さて，彼はどこから描くのでしょうか？』と実況するかもしれません。30秒もの時間をかけたにもかかわらず，被検者は幹の左側から幹の左下辺，右下辺，上辺と一筆書きにして，手が止まりました。検査者は『一般的に木を描くときは幹から描く人が多く，彼も幹の左側の線を上から下へと描き始めました。下のほうに降ろしていった鉛筆を紙から離さないまま左から右へと横線を引いて，そのまま今度は幹の右側の線が下から上へと上がっていきます。なんと，一筆書きで上下の閉じられた幹が描かれました。ここからどうするのでしょうか？　鉛筆が止まっていますが，まさかこれで終わってしまうのでしょうか？　枝は描かないのでしょうか？』など心の中でとつぶやきながら待ちます。しばらくたって被検者は樹冠を描き，また手が止まりました。これを見ながら『枝ではなく，先に樹冠が描かれました。どうやら樹冠を先に描くタイプのようです。さて，次こそ枝を描くのではないでしょうか。どうやって幹と枝をつなぐのでしょうか？　消しゴムを使って修正するのでしょうか？』となるかもしれません。被検者はさらに悩んだあげく，樹冠の中に丸を一つ描き足し，検査者を見て鉛筆を置きました。検査者は『ずいぶん考えていますが何を考えているのでしょうか？　あ，丸が描かれました。これは実のつもりでしょうか。一つ描いたからもういいだろう，とでも言わんばかりにこちらを見ていますが，質問はありません。どうやら描き終わったようです』といった実況ができそうです。

第 2 章　描画テストの実施

図 4　描画例①

　奥田（2019）は絵を描く様子を見守りながら追体験することは，描画後の質問においても，また被検者や絵に心を寄せる共感的な姿勢を産み出すためにも意義があると述べています。検査者は単に行動観察を行うだけでなく，実況中継のように誰かに伝える意識を持つことで，見落としなく観察しようとする意識が働きます。これは同時に検査者が主体的にテスト状況に参加し，被検者の心の動きを追体験することでもあります。そして違和感があれば，描画後の質問の段階で被検者に尋ねてみます。また，描画テストの知識と照合しながら観察することで，描画順や描かれ方の特徴を見つけ，解釈の糸口を掴むことができます。この例では，一筆書きで描かれた長方形の幹は被検者の特徴として抽出され，困ったときに質問するわけでもなく，ややおざなりな問題解決法を用いることがわかりました。

　行動観察はいろいろな描画テストに共通して行われます。例えば，動的家族画では家族メンバーの誰から描かれたのかが分析の対象となります。『お父さんを描いたけれども，お父さんは家族に背中を向けてしまった』とか，『自分は最後に描くのだろうか。まさかこのまま自分は描か

第 I 部　講義編

れないまま終了するのだろうか』などとなるかもしれません。

4.　描画後の質問（PDI）

　多くの描画テストでは，絵が描かれたあとに検査者から被検者に質問
をします。高橋（1986）はこれを**描画後の質問（Post Drawing Inter-
rogation：PDI）**と呼び，被検者が表現している独特の意味を知るため
に極めて重要な役割があると指摘しています。近年では，PDI は単な
る質問ではなく，被検者の語りに耳を傾け，話し合う作業であるとし
て，描画後の対話（Post Drawing Dialogue：PDD）と呼ぶ考えも示さ
れています（高橋，2007）。前章で述べたように，絵には多義性という
特徴があります。被検者の無意識的な側面を表す場合もあれば，被検者
の思い出を再現した絵が描かれることや，被検者の描画スキルによって
は思い浮かんだイメージが簡略化されることもあります（野口・馬場，
2016）。そのため，PDI の段階で描画像が何を表しているのか，被検者
の説明に耳を傾けることも必要です。

　一方で，阿部（2013）は被検者の語りは受け止めながらも，意識的な
部分と無意識的な部分がないまぜに表現されている絵に対して，被検者
の言葉の説明が検査者の解釈に悪影響を与えるとの理由から，PDI を実
施しない立場をとっています。特に初学者は「絵」そのものを解釈する
こと以上に，「PDI」で語られたことを優先して解釈しがちなので注意
が必要です。

（1）絵と PDI の関係
　描かれた絵の解釈において，被検者の絵についての言語的説明を重視
し過ぎると，非言語的表現から被検者を理解しようとする描画テストの
前提が崩れてしまいます。そのことがわかるエピソードを挙げてみま

しょう。あるテレビ番組で、8歳の少女が描いた絵が紹介されていました。東日本大震災の震災遺児だったその少女は、両親と姉を津波で亡くし、祖父母と暮らしていました。少女が絵画展に出品したお月見の絵には、笑顔の大人の男女と女の子の三人がベンチに座り、その三人とは灰色の壁で隔てられ、その外側で泣く女の子が描かれていました。取材班の人が少女に「この人たちは？」と尋ねると「わからない。勝手に描いた。知らない人」と答えます。祖母が家族ではないかと声をかけるのですが、「違う」と答える場面があります（NHK取材班, 2012）。私たちは、少女が「知らない人」だと説明しても、亡くなった家族と少女の絵だと理解します。もしこれが描画テストであれば、少女が否定することも含めて、言葉にならない思いを絵とともに受け止めることが、描画テストの役割です。

　被検者の描く絵とPDIは、どちらも被検者の一側面であり、絵とPDIの関係は、投映法と質問紙のテストバッテリーに似ています。例えば、客観的には小さいサイズで描かれた木について、被検者は「大きな木を描きました」と説明したとします。小さな木を描いた被検者は、なぜ大きな木と説明したのだろう、そこにどのような心の働きがあるのだろうと考えることが一歩進んだ解釈につながります。被検者が「大きい木」と説明したから〈大きなサイズの木〉の解釈仮説を当てはめるのではなく、絵とPDIがズレていることに注目し、被検者の無意識的側面と意識的側面を統合して立体的に被検者像を描き出します。

　被検者によっては、ある部分を「描き忘れた」「絵が苦手なので描けなかった」と説明することがあります。被検者の説明を聞きながら、一方で本当にそうした理由から描くことができなかったのかを判断します。例えば家族画において「うっかり父親を描き忘れた」のであれば、それこそが重要な情報です。「うっかり忘れた」ことは不注意を示していることもありますし、無意識的な意味があるのかもしれません。PDI

第 I 部　講義編

を鵜呑みにすることなく，また否定するでもなく，なぜ描かなかったの
か，描けなかったのかを考えます。「絵が苦手だから」という被検者の
説明も無視できませんが，かといって多くの人はそれなりに描くことも
事実です。人物の顔であれば，表情を生き生きと描くことは難しくても，
スマイルマークのように，眼や口元を曲線にすることで笑顔を表現する
ことはできますし，多くの人がそのような対処法を用います。そうした
描画の技術的な問題についても，被検者の描画経験や絵全体の出来具合，
また一般的な対処法と照らし合わせて，技術的な問題以外のさまざまな
可能性も考えながら総合的に判断することが必要になります。

(2) PDI の内容

　高橋・高橋（2010b）が指摘しているように，PDI ではまず被検者に
描いた絵について自由に話してもらうよう促します。そのうえで，検査
者がわからないことを質問し教えてもらうという姿勢が基本です。この
段階で解釈に必要な情報が十分得られれば，無理に質問を続ける必要は
ありません。また，質問が多いと尋問のようになりますので，三つくら
いに収めます（岸本，2015）

　PDI は被検者の絵に合わせて行われますが，一般によく用いられるも
のがあります。そこで代表的な描画テストの PDI を**表2**にまとめました。
バウムテストや樹木画テストでは，木の種類や樹齢を尋ねますが，木の
種類を特定することが目的ではなく，木の説明を促し，被検者のイメー
ジを共有するための質問です。高橋・高橋（2010a）には参考として多
くの質問が記載されていますが，安易にそれらを質問することは控える
べきです。検査者がその質問の意図を自覚できないのであれば，被検者
の答えを解釈や所見に用いることは当然ながら難しくなります。

　人物画テストでは，人物像の年齢について質問します。理由は，描か
れた人物像が自己像なのか，他の重要な人物像なのか，人間一般の像な

表2　代表的な描画テストのPDI例

描画テスト	描画後の質問（PDI）
バウムテスト（岸本，2015）	①木の種類　②木の高さ　③樹齢
樹木画テスト（高橋・高橋，2010a）	①木の状態　②木の種類　③樹齢
人物画テスト（高橋・高橋，2010b）	①年齢　②（今の）行為 ③（今の）考え・感じていること
動的家族画（日比，1986）	①それぞれの人物像の続き柄　②年齢　③行為
母子画（馬場，2005）	母子像の①年齢　②行為　③考えていること

のか（高橋・高橋，2010b）を推測するためです。人物像の行為や考えを尋ねる理由は，人物像には被検者の思考や感情が投映されていると仮定しているからです。

　動的家族画では複数の人物像が描かれますので，描かれた順番とどの人物が誰なのかを確認しながら，人物像がそれぞれ何をしているのかについて質問します。また，母子画では母子像の年齢と被検者の母親と被検者の実年齢が一致するのかを確認します。年齢が一致した場合は，イメージとしての母子ではなく，現実の母子関係である可能性を含めて解釈する必要があるからです。そして，被検者に母子像の行為や考えなどを質問しながら，さらに母子像の関係性がどのようなものなのかを話してもらうための質問が追加されます。

　PDIでは，心理面接の記録と同様に，言葉遣いにその人らしさが現われるため，そのやりとりも逐語的に記録します。そもそも非言語的表現である絵について言葉で説明するよう求めるわけですから，流ちょうに説明することは誰しも難しく，PDIへの回答は短くなりがちです。描画テストでは，なぜそのように描いたかは意識されないまま，イメージの自律性（田嶌，2011）に従って描かれるので，被検者にも説明することが難しいといえます。そのため検査者は「なぜ」「どうして」と被検者を問い詰めないように注意しなければなりません。描いた理由を知りた

第Ⅰ部　講義編

いのであれば，被検者の描画プロセスをなぞるように，「何回も消して
おられましたね」と声をかけたり，「ここはどうなっているのか，教え
てもらってもいいですか」と話を促します。被検者は「うまく描けなくて」
としか説明できないかもしれません。すべてが言語的に説明できるので
あれば，描画テストは必要ありません。なぜそれが描かれたのか，描か
れなかったのかは被検者に答えてもらうのではなく，本来検査者が考え
るべきことです。

（3）PDI が被検者に与える影響

　PDI をすることによって被検者に与える影響についても考えておきた
いと思います。芸術療法では，作品を制作したあとに，クライエントが
セラピストに作品のイメージやそれに対する気持ち，そこから連想する
ものなどについて話す時間があります。これはシェアリングと呼ばれま
す。シェアリングによってクライエントは他者の目を通して新しい視点
を学び，気づきや洞察を得る（関，2016）ことができるため，この時間
は芸術療法の重要な側面です。PDI も描いた絵を見ながらやりとりをす
るので，シェアリングに近い面もあり，自然と被検者に洞察が生じる場
合があります（藤中，2008）。これは描画テストが描画療法として機能
することを示しています。しかし PDI はあくまでも被検者の絵を検査
者が理解するために行うことが基本です。治療的アセスメント（Finn,
2007/2014）のように，準備された介入として行う場合は別として，安
易に絵から離れて連想を広げていくことは，被検者の心の世界に不用意
に踏み込む危険性があるので，十分な注意が必要です。

第３章

描画テストの解釈過程

　いよいよ初学者の最大の難関でもある解釈について取り上げます。指標の寄せ集めではなく，事例に即した臨床的な解釈をどう作り上げていくか，全体的評価の方法，形式分析・内容分析の手順，特に解釈仮説のもとにあるコアイメージを軸にした解釈の進め方を中心に解説します。解釈に必要となる指標全般の解釈仮説については他の成書に譲ることとして，ここでは本書の中核に据えている解釈過程に重きを置いていきます。さらに全体を一貫した解釈としてどうまとめあげていくかについて，一つの解釈モデルを示しながら説明していきます。

1.　全体的評価

　高橋・高橋（2010a）は全体的評価を行うにあたって，用紙のどの位置に描いたかといった形式面や何が描かれているのかといった内容面を見てはならず，絵が上手か下手かという美的判断も行わないで，直観的印象によって描画の意味するところを捉えねばならないと述べています。形式面にも内容面にもとらわれない直観的印象とは何か，それをもとに分析するということは実はとてもハードルの高いことです。高橋（2007）が絵を味わいながら評価すると述べていることを参考に，ここではもう一歩進んで，描画テストの解釈を食レポにたとえて説明します。

45

第Ⅰ部　講義編

（1）全体的評価は食レポの第一声

　みなさんも食レポの番組を見たことがあると思いますので，その場面を思い浮かべてください。例えば，煮込み料理の食レポをしています。煮込まれたスープを口に含んだレポーターの最初の感想は「あ〜美味しい！」のような大まかなものです。これが全体的評価です。そのあとに，味わいながら材料を吟味する段階が続き，これが描画テストの形式分析や内容分析に相当します。最初の「あ〜美味しい！」という味わいが重視されるのは，スープの材料を個々に特定しても，煮込まれた複雑なうま味の説明にはならないからです。酸味，甘味だけでなく，その絶妙なバランスが美味しい，つまり絵も個々の要素を超えた全体がもたらす直観的印象が実は描き手である被検者らしさを的確に伝えるということです。味わいを「美味しい」としか表現できないときのように，絵の全体的評価も一つ一つの指標に完全に分解することはできません。むしろ無理に分解し言語化することによって，最初の全体的評価とは異なる知的な表現に陥る危険性すらあります。繊細な味わいは他者と完全には共有できないように，描画テストの全体的評価も他者と完全に一致することは難しく，逆にそれが自然です。しかしながら，初学者は自分と他者の全体的評価が同じ表現でなされないと，自分の全体的評価は間違っていたのではないか，解釈として用いていいのかと自信を失ってしまいます。私は大学で描画テストを指導してきた経験から，初学者のグループであっても全体的評価がそれほど食い違うことはないと考えています。人によって異なっているような印象を受けるのは，人によって用いる言葉が異なるからです。例えば，同じ絵に対してある人は「寂しい」と表現し，別の人は「侘しい」と表現することがあります。「寂しい」と「侘しい」の単語の意味は厳密には異なりますが「心細い，心が満たされない」感じは共通していると言ってもよいのではないでしょうか。

　一方で，初学者の場合は絵の一部の特徴に引きずられて全体的評価を

46

行うことがあります。全体的評価は絵の一部ではなく，まさに全体に対して行われなければなりません。注目した場所が異なれば，全体的評価は異なるため注意が必要です。初学者は目立つ特徴に注目しがちであり，この点が全体的評価を難しくしていますが，後述する「絵のすべての要素に目を配る」ことで訓練することができます。

　高橋（2007）は，全体的評価は描画テストの臨床経験を重ねることでより豊かなものになると述べています。臨床群だけでなく健常群のさまざまな絵に触れる経験，また「私にはこのように思えた」と言語化する訓練，さらに臨床家同士で同じ絵の全体的評価を比較検討する機会を重ねることで，自分の全体的評価はそれほど的外れではないと自信を持てるようになります。あるいは自分がこの指標に注目しやすい，部分ばかりに注目して全体を見ていないと気づくことができます。このような経験を積むことで全体的評価のスキルがアップします。さらに言えば，他者と全体的評価が一致することを目指す必要はありません。自分がもしその立場であったらと想像する，心理面接の共感的理解に絶対的な正解がないように，描画テストの全体的評価も「私にはこのように思えたけれども，どうだろうか」と被検者に真摯な態度で臨むものだと考えてみてはどうでしょうか。描画テストのテキストには全体的評価の方法は書かれていますが，全体的評価による解釈まではほとんどの場合書かれていません。自分が実施した描画テストの全体的評価は自分が感じ，考えるしかないのです。

（2）全体的評価を行うためのヒント

　描画テストは非言語的・視覚的に表現されることが特徴です。そのため，検査者が描かれた絵の印象を言語的に表現することは難しく，まさに「言葉にならない」のかもしれません。あるいは「何も感じられない」と思うこともあるでしょう。心が動かなければ言葉は生まれないとも言

第Ⅰ部　講義編

われますが，自分の心が動いていることに気がついていないだけかもしれません。あまり身構えずに，思いついたことを何でも言葉にしてみる練習をしましょう。

　植田（2018）は，絵の分析は「違和感」を見つけることから始まると指摘していますが，最初はその絵が好きか嫌いか，好きでも嫌いでもないのか，あるいは絵から受けた印象をオノマトペで表現してみてもよいかもしれません。オノマトペは感覚を写し取り新たに作り出せる語です。「ゾクッ」「ドキドキ」のような擬情語と呼ばれるオノマトペは第六感とでもいうべき身体感覚や心的経験を表すことができます（今井・秋田，2023）。何も感じられないと思うときは，レボウィッツ（Leibowitz, 1999/2002）が推奨するような，運動感覚的な共感を手掛かりにする方法も有効でしょう。人物画テストであれば絵の中の人物像と同じポーズを取りながら自分の身体感覚に注意を向けてみます。動的家族画や母子画であれば，絵の中の人物像同士の距離を再現し，相手に対して感じることを言葉にしてみてはどうでしょうか。木のポーズを真似るのは難しいかもしれませんが，枝ぶりの良い木なら腕を大きく広げてみたり，小さな木は身体を丸めて小さくなってみることで，身体の内側から何かを感じることができるかもしれません。さらに検査者に生じた感覚は，被検者も持っているのではないかと，木の姿を本人の姿に重ねることが解釈の出発点となります。

　また，感覚を捉える形容詞一覧表を参考にすることもできます（Leibowitz, 1999/2002；Koch, 1957/2010）。絵から感じたこと，運動感覚的な模倣体験から感じたことを言葉にすることが難しくても，一覧表から選ぶことならできるかもしれません。一覧表に示された形容詞を起点に，自分の感覚にしっくりくるような言葉を探していきます。検査者は絵を眺めながら，「うわっという感じ」「何か変な感じ」としか言葉にできないこともあります。最初に形式面でも内容面でもない，言葉にならない

段階があり，次にその感覚を明確にするための言語化の段階へと進むの
だと考えてみましょう。

2. 形式分析・内容分析

　多くのテキストでは便宜的に全体的評価と形式分析（いかに描いた
か），内容分析（何を描いたか，描かなかったか）を区別して説明して
いますが，前述したように，実際には相互に関連しています。形式分析
や内容分析は，全体的評価の直観的印象を分解する段階とも言えます。
「寂しい」や「侘しい」印象は絵のどのような特徴から醸し出されたの
だろうと考えます。前述したように直観的印象のすべてを説明すること
はできませんが，その直観的印象がその絵からもたらされている以上は
ある程度は説明できるはずです。形式分析や内容分析の役割の一つは全
体的評価の根拠を示し，解釈や所見につなぐことです。

（1）何に見えるのかではなく，なぜそう見えるのかを重視する

　事例検討会の参加者に絵の感想を聞くと，「○○に見える」という発
言に出会うことがあります。先に挙げた**図4**では「ブロッコリー」「カッ
プに入ったポップコーン」「マイク」など，いろいろな意見が出てきま
した。これらを象徴的に解釈すると「ブロッコリー」「カップに入った
ポップコーン」は食べ物として，「マイク」は声を届けるものという意
味になるかもしれません。しかし，このような描画解釈が腑に落ちず，
描画テストは主観的で妥当性がないと思う人も少なくないと思います。
検査者の感想として「○○に見える」ことを否定する必要は全くありま
せんが，この段階で象徴的に解釈するよりも，なぜ「ブロッコリー」や
「カップに入ったポップコーン」「マイク」に見えたのか，共通点を探る
ことから始めます。**図4**の場合は，樹冠と幹がつながっていないために，

第Ⅰ部　講義編

幹と樹冠が別もののような印象を与えたのかもしれません。何に見える
のかという連想には見る側の投映が含まれる可能性があります。そのた
め,「○○に見える」ことを基準とした象徴解釈を行うのではなく,「○○
に見える」ことを出発点にしながら木の特徴に還元することを意識する
ことが大切です。**図4**では,樹冠と幹がつながっていないことに注目
することが解釈のポイントになると考えられます。

　描画テストの解釈は全体的評価と形式・内容分析を行ったり来たりし
ながら,さらには臨床的経験を加味しながら評価をしているため,初学
者には難しく感じられるのだと思います。しかし,こうした解釈過程を
意識しながら経験を積むことで誰でもできるようになります。

(2) 絵のすべての要素に目を配る

　全体的評価を形式分析や内容分析に落とし込み,解釈につなげるため
には,検査者が気になる部分だけを取り上げるのではなく,絵のすべて
の要素に目を配る必要があります。その方法の一つとして**模写**がありま
す。被検者の描画順の通りに,描線の動きを再現するかのように丁寧に
模写をすることで被検者の描画プロセスを追体験することができます。
被検者の描いた筆圧で描くためには手や指にどれだけの力がかかってい
るのかを体験し,そのエネルギーの強さや弱さを検査者自身が理解しま
す。また,模写をすることで逆に完全には真似できないという感覚を味
わうことがあります。丁寧に観察をすれば形は真似ることができますが,
単に薄いだけでもなく,なんとも生気のない描線を再現することは至難
の業です。模写をすることによって,検査者には容易に追体験できない
ような被検者の心の世界があることが理解できます。

　描かれた絵のすべての要素に目を配るためのもう一つの方法は**ディス
クリプション**です。模写は絵を絵として写し取りますが,ディスクリプ
ションは絵を言葉で写し取ります。藤田(2015)は,ディスクリプショ

50

第 3 章　描画テストの解釈過程

図 5　描画例②

ンを行うことにより，漠然としか見ていなかったものをはっきり認識できる効果があると述べています。図 5 に示した絵のディスクリプションを行ってみましょう。「用紙の中央に配置された木の樹冠と，幹から根までの比率はほぼ同じであり，幹と根の比率もまた同程度である。幹から伸びた根は一筆描きのようにつながっていて，先が鋭く 5 本に分かれているが，左から 3 本目はやや太く，4 本目は他の根に比べて細く，5 本目はまた同じような太さになっている。樹皮のような線はなく，幹の内側は白い。樹冠の左側は上に向かって膨らんだ曲線で，頂点から右に下がるにつれて横向き，次第に下向きに膨らんでおり，樹冠の真下，幹に接する部分の膨らみは他の部分よりも小さい。枝はなく，樹冠内に 5 個の実が張りついているかのように描かれている。すべての実の先端部にはくぼみがあり，果実の柄の部分も描かれている。左下と右上の実は残りの実よりやや小さい。樹冠の中も一切の陰影等はなく白いまま残されている」のようになるかもしれません。

第Ⅰ部　講義編

　岸本（2015）は言葉の説明だけを頼りに絵を描くワークショップの経験から，絵を言葉にすることの難しさを実感したと述べています。ディスクリプションを試みると，いかに自分の絵の見方が不十分かがわかります。津川・篠竹（2010）は，描画テストの解釈は内容面の象徴解釈に頼っていると，内容面にさしたる特徴のない描画を解釈できなくなると述べています。被検者の絵が「何の特徴もなく解釈ができない」と思う時こそ，じっくりと絵の細部に目を配り，描かれ方に特徴がないかを探してみましょう。そうすれば，特徴のない絵などないことがわかります。

　描画テストの解釈を食レポにたとえましたが，一口目の「美味しい」だけでは，視聴者にはその良さは伝わりません。じっくりと味わったあとに，何がどのように美味しいのか，適切な言葉で表現できてこそ，視聴者がその味を共感できるのです。食レポの上手な人は，美味しいものも，そうでないものもたくさん食べた経験があるはずです。描画テストでもさまざまな絵を見ること，何度も全体的評価，形式分析，内容分析を試みることが解釈上達への道です。

(3) 形式分析・内容分析の指標

　模写やディスクリプションの作業は，被検者個人の絵を詳細に記述した個性記述的アプローチです。一方で描画テストがサイエンスであるためには，多くの人に共通する普遍性，一般性を探求する法則定立的アプローチも必要です。形式分析や内容分析では，絵の描き方や内容を描画指標として分類し，発達的な特徴や健常群・臨床群の特徴などを明らかにするための数量的な検討がなされています。

　形式分析（いかに描いたか）の指標は描画テスト全般に共通する指標です。描画像の位置，サイズ，筆圧，ライン，陰影や抹消，透明性などがその代表的なものです。動的家族画（日比，1986）では描画順を重視し，人物像と人物像の距離や相対的位置関係を検討するために描画の様

式（区分や包囲）などの指標が考案されています。

　内容分析（何を描いたか，描かなかったか）の指標は課題によってさまざまに異なります。バウムテスト（Koch, 1957/2010）や樹木画テスト（高橋・高橋，2010a）では木の種類や，根と地面，幹，枝，樹冠，葉，実，付属品などが大きな枠組みとしてあり，さらに詳細な下位分類が提示されています。人物画テスト（高橋・高橋，2010b）では，最初に描く性，主題，身体の各部分，衣服やアクセサリーなどの指標があります。動的家族画（日比，1986）では，人物像の行為，テレビやこたつのような象徴についても検討します。母子画（馬場，2005）では母子像の関係性に注目するため，母子間の身体接触やアイコンタクトの指標が設定され，健常群や臨床群の特徴が調査されています。

3. 個人間比較と個人内比較

　描画テストの解釈では，全体的評価で得られた特徴，それを裏付ける形式分析や内容分析の特徴を見出すとともに，模写やディスクリプションに基づくすべての指標について出現頻度と照合しながら，描かれた絵の特徴を客観的にピックアップします。中島（2016）はコッホ（Koch, K.）の言葉を紹介しながら「出現率に基づいた発達的視点を投映法に取り入れることの重要性」について述べています。しかしながら，成人の指標については出現率を示した一覧表はありません。そのため，検査者が個々に健常群や臨床群の研究論文を読んで知識を蓄えておく必要があります。例えば，「実のなる木を1本描いてください」という教示で実施した場合は実の出現率が87％と報告されているので（石井・藤元，2017），実が描かれたことだけではその被検者を特徴づけることはできません。一方で，幹の先端が完全に開放されているような，いわゆる〈メビウスの木〉のような描写は学生群では2％の出現率と報告されており

第Ⅰ部　講義編

（岸本，2002），その表現は被検者固有の特徴としてピックアップされます。これは被検者と母集団を比較して特徴を見つける**個人間比較**の検討であり，非常にシンプルですが，描画テストのサイエンスの部分です。イメージとしてはパーセンタイル順位を確認しながら，被検者の特徴を明らかにする作業です。また，描画は時代とともに変わることが報告されており，市販のテキストによっては参考にしづらい場合があります。テストに習熟した検査者は健常群や臨床群の多くの絵を見てきた経験から自分なりの出現頻度表を持っていると言えるかもしれませんが，それでは描画テストが誰でも使えるツールにはなりえません。知能検査が時代とともに改訂されていくように，描画テストがサイエンスであるためにはさまざまなフィールドで継続的に基礎研究が実施され，公開されることが期待されます。

　一方で，集団との比較ではなく，指標の**個人内比較**も検討します。例えば，一枚の絵の中で幹の筆圧は強いが根の筆圧は弱い，用紙上部の描き込みは多いが用紙下部は空白のまま残されているなど，一人の被検者の中での描き方の違いについての検討です。これは他の絵や標準データと比較してわかるようなものではなく，検査者がその絵を見ながら気づく必要があります。「何か奇妙な感じがする」といった違和感は，描画内の一貫性のなさから説明されることもあります。

4.　解釈仮説のコアイメージを理解する

　描画解釈の基礎理論として，空間象徴の理論，年齢による描画の発達，グラフィックコミュニケーションが挙げられています（高橋・高橋，2010a）。このような基礎理論を踏まえつつ，個人間比較や個人内比較でピックアップされた特徴の解釈仮説をテキストで調べる段階に進みます。

ここで大切なことは，解釈仮説を丸暗記しないことです。大西・マクベイ（2020）は英語を実践で正しく自然に使うためには，日本語訳を超えた単語の本当の意味感覚を学ぶべきであると述べています。例えば前置詞の「on」は「〜の上」と覚えるのではなく，「接触」という核となる意味を掴むということです。こうした理解の仕方は描画テストの指標も同じです。そこで本節では各種描画テストに共通する形式分析の代表的な指標を中心に，解釈仮説の意味感覚を**コアイメージ**と呼んで解説します。そして言葉の意味を本当に理解するためには，身体的な経験が有効だと言われています（今井・秋田，2023）。解釈仮説で使われている言葉の意味を理解するために，ぜひみなさんも紙と鉛筆を用意して，実際に体験しながらコアイメージを掴んでください。

（1）描線の筆圧：エネルギーの指標

　紙を用意して，まずは名前を書くようなつもりで線を1本引いてください。次に，できる限り強い筆圧で線を1本，最後に，できる限り弱い筆圧で線を1本引いてください。さて，あなたは線を引きながら，何を感じましたか？　筆圧は何を表現していると思いますか？

　高橋・高橋（2010a）によれば，強い筆圧は「①心理的緊張の強さ，②高いエネルギー水準，③自己主張，④攻撃性，⑤活動性などを表している」とされます。この解釈仮説をそのまま覚えると，ここから一つを取り出して，例えば「被検者の絵は強い筆圧で描かれており，心理的緊張の強さがみられる」と解釈することになります。この解釈が間違っているわけではありませんが，このパターンで解釈仮説を羅列するとちぐはぐな解釈になる可能性があります。詳しくは後述しますが，解釈仮説の言葉をつなぎ合わせるのではなく，1枚の絵として意味するところを理解し，立体的な被検者像を描くためには，解釈仮説のコアイメージを"掛け算"するようなつもりでまとめます。

第Ⅰ部　講義編

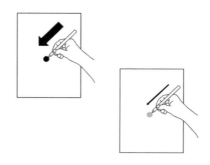

図6　筆圧のコアイメージ

　では，筆圧の身体的な体験に戻って考えてみましょう。強い筆圧で線を引くときには，肩から腕，指先にぐっと力がかかったのではないでしょうか。その力が鉛筆を通して紙に伝わり，その痕跡が強い筆圧として表れたと考えれば，筆圧のコアイメージは"エネルギー"と言えます(**図6**)。
　高橋・高橋（2010a）の解釈仮説の順番を変えることになりますが，強い筆圧は，被検者に②高いエネルギーがあることを示し，⑤活動性を支える一方，そのエネルギーが滞ることによって①心理的緊張にもつながります。また，高いエネルギーが外に向かえば③自己主張となり，時には④攻撃性になります。このように考えると，解釈仮説として示されているのは，高いエネルギーにより表現されたさまざまな形であると言えます。
　逆に弱い筆圧は，「①不安，②ためらい，③自己抑制，④無気力，⑤恐怖，⑥抑鬱感などを示すことが多い（高橋・高橋，2010a）」となっています。弱い筆圧で線を引いてみるとわかると思いますが，弱い筆圧はエネルギーが紙に伝わっていない，つまりエネルギーの低い状態を意味します。⑥抑鬱感や④無気力，また①不安（焦燥感）や②ためらい（決

第3章　描画テストの解釈過程

断できない）は，エネルギーのないまさにうつ状態の症状です。また本音が言えないなどの自己抑制は抑うつを生じさせる要因になり得るものです。激しい⑤恐怖や①不安の存在はエネルギーを消耗させることを考えると，弱い筆圧はエネルギーの低さにまつわるものを意味すると言えるでしょう。

　絵の基礎となる描線には，筆圧やスピード，連続性などの要素が含まれますが，中でも筆圧は人間の活動の根幹をなすエネルギーを表す指標です。そのため，後述するように描画テストの解釈の土台となる指標です。

（2）描線のスピード：統制の指標

　それでは次に，紙の端から端まで，できるだけ速く線を引いてみましょう。次にもう一度，今度はできるだけゆっくりと線を引いてみてください（**図7**）。できるだけ速く線を引いたとき，何か気になったことはありますか？　はみ出してしまうのではないかとスピードが落ちませんでしたか？　ここから捉えられる描線のスピードのコアイメージは"統制"です。自分の手の動きを統制できない状態は，日常のさまざまな場面で情緒が統制できない，安定した行動が取れないことを象徴しています。あまりにも統制が強ければ自由に動かすことができません。描線のスピードは統制だけでなく，エネルギーとも不可分な指標です。筆圧が垂直方向へのエネルギーだとすれば，スピードは水平方向へのエネルギーです。強い筆圧で速く線を引くことが難しいことを考えると納得できるのではないでしょうか。強い筆圧でゆっくり引かれる線からは，エネルギーの渋滞のようなものを感じさせます。

　高橋・高橋（2010a）は，筆圧と方向，持続度（継続性），統制力（丁寧さ）による描線の質をまとめてラインと呼び，被検者の情緒を表す指標と考えています。そのため「①適度な筆圧の直線で長く持続し丁寧に描かれたラインは，情緒が安定し，感情や行動を統制できる人に，②強

第Ⅰ部　講義編

い筆圧の直線で短く雑なラインは，興奮しやすく，衝動的な人に生じがち」であると述べています。本書ではラインの要素を他の指標とも組み合わせやすくするために，分割しながら説明しますが，②の意味は"高いエネルギー（強い筆圧）"に"統制できなさ（速いスピード）"が加わったことで，興奮しやすさや衝動性を表すという形でコアイメージを使って説明することができます。

(3) 描線の連続性：境界の指標

　スケッチ風に短い線を重ねるように描く場合がありますが，それは美術の技術であり，心的世界の表現ではありません。また前述の強い筆圧で速く線を引いた結果，雑な線になり破線のようになることもあります。ここではそういった場合を除いて，ひと続きの線が引かれることについて考えてみましょう。先ほど端から端まで引いた線を眺めてみてください。その線によって，用紙は分割されたことに気づいたでしょう。連続した線には領域と領域を区切る"境界"のコアイメージがあります（図7）。心的世界で言うところの境界，それはつまり心の内と外を区切る自我境界を表すと考えられます。

　破線は読んで字のごとく破れた線であり，破線のコアイメージは"境界のほころび"あるいは"分割の不全"を指すと考えることができます。そこから考えると，心の世界では自我境界に通り道があるということに置き換えられ，そこから臨床的な解釈仮説として，本来被検者の内側にとどまるはずの感情や衝動が外に出てしまう，逆に他者の考えが自分の内側に入りこんでしまう，あるいは外界と自我の区別が曖昧になってしまうことにつながっていきます。高橋・高橋（2010a）において，連続している破線が自我境界の崩壊や現実との接触の喪失感を示すとされるのは，統合失調症や脳器質障害の患者に多く見られたという研究とともに，線に境界の意味を見出しているということです。描画テストの選択

第3章　描画テストの解釈過程

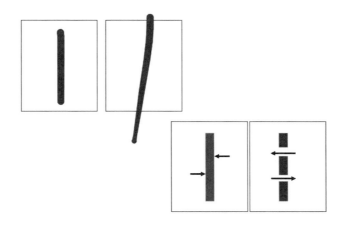

図7　描線のスピードと連続性のコアイメージ

おいて，それぞれの描画テストには表現されやすい側面があると述べましたが，破線が示す"境界のほころび"のコアイメージは人物画テストよりもバウムテストに表現されやすい特徴です。

(4) サイズ：広がりの指標

　今度は用紙にできる限り大きな円を描いてください。そのときの鉛筆を持つ指や腕の感じ，気持ちをモニターしながら描いてみましょう。逆にできる限り小さい円も描いてみてください。大きく描いたときは，手の動きも大きくなったはずです。中には紙からはみ出しそうになった人もいるかもしれません。はみ出しそうになってそのままはみ出すのか，気づいて用紙内にとどめたのか，そのあたりの気持ちもしっかり感じとってください。逆に小さい円は手先だけの動きで，窮屈に感じたかもしれません。窮屈に感じた人は，みなさん本来のサイズよりも小さく描

59

第Ⅰ部　講義編

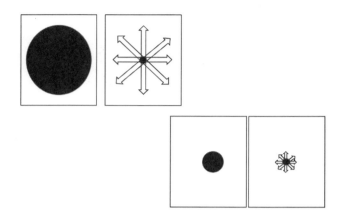

図8　サイズのコアイメージ

かされたということです。大きく描いたときに居心地が悪かった人は，自分本来のサイズよりも大きかったのだと思います。

　サイズは手を大きく動かす体験，逆に大きく動かせない体験であり，その感覚がコアイメージとなります。そこで描画サイズの解釈仮説を確認すると，描画サイズは「①自尊心，②自己拡大の欲求，③活動性，④感情状態を表す」と考えられており，大きいサイズは「①自己顕示，②自己拡張，③過活動，④高揚した気分，⑤過補償，⑥攻撃性」を示し，小さいサイズは「①不安，②低い自尊心，③自己抑制，④劣等感，⑤抑鬱感，⑥無力感，⑦引きこもりを示し，時に⑧退行した状態や，⑨依存性を表す」とされます（高橋・高橋，2010a）。図8に示したように，大きなサイズは中心から用紙の外側に向かって面積が広がっていることを意味します。単に大きいというよりも，サイズのコアイメージは"広がり"で，絵の描かれる用紙（世界）に対して，描画像（自分）がどこまで，どのように働きかけるのかという視点で考えてみることができま

60

す。ここから，②自己拡大の欲求という解釈につながることは比較的理解しやすいでしょう。自分の働きかけられる領域を広げたいという自己拡大の欲求は，自分の能力を認め成長しようとする内的な欲求であり，③活動性を高め，自己実現へと方向づけられます。そして，その欲求が満たされることは，①自尊心を高め，④自他に対して肯定的な感情を抱くことにもつながっていくと考えられます。一方，大きすぎるサイズは，拡大の欲求が強すぎて，そのことによる弊害も推測され，すべてが過剰になるイメージです。

　小さいサイズは，自己拡大の欲求が生じていない，あるいは妨げられていることを意味すると考えてみましょう。用紙（世界）に対して描画像（自分）が働きかけることができないのは，⑤抑鬱感や⑥無力感があるからかもしれません。①不安があり，働きかけることができないような③自己抑制的な状態は，②自尊心を低下させます。すべてがうまくいかないような感覚は，⑧退行を招くかもしれず，結果として他者への⑨依存性を高めるかもしれないと考えてみてはどうでしょうか。サイズのコアイメージを"広がり"と考えてみることで，被検者が世界とどのように関わろうとしているのかを理解することができます。

　サイズもまた筆圧との兼ね合いで考える必要があります。強い筆圧で大きなサイズであれば，そのエネルギーをもとに自己拡大の欲求を叶えていくことができると考えられます。一方で，弱い筆圧で大きなサイズであれば，エネルギーがないにもかかわらず，自己拡大を求めてもそれは成就しない，あるいは非常に無理をした状態と言えるでしょう。このように，筆圧とサイズの示す意味のベクトルが食い違う場合は，人間の活動の根幹をなすエネルギーを土台に据えてコアイメージを組み合わせることで，立体的な人物像を解釈することができます。

第Ⅰ部　講義編

(5) 陰影，抹消，透明性：囚われと隠蔽の指標

最後に，先ほど描いた小さい円に陰影をつけたうえで，そのあと円全体が見えなくなるように塗りつぶしてください。陰影をつけることによって何が起きたでしょうか。またすべてを塗りつぶしながら，どのようなことを感じましたか。

美術の素養のある人は，絵を立体的に見せるために陰影をつけることがありますが（籾山・馬場，2019），影がなくてよいところに繰り返し描きこんで陰影をつけるということは，その部分が気になっていることの表れです。そしていったん描いた絵を塗りつぶすことは，その存在を見えなくする行為です。ここから考えられるのは“囚われと隠蔽”のコアイメージです（**図9**）。

抹消もまた同じコアイメージを持っています。検査者には特に問題がないように見ても，何度も消して描き直したり，まれに描画像すべてを消してしまう人がいます。これは塗りつぶすかわりに消すことによって像が見えなくなった，つまり塗る行為と消す行為という一見逆方向の表現であっても，同じ“囚われと隠蔽”のコアイメージを持つと考えられます。そこで，描画像の何に囚われているのか，あるいは何が隠されたのか，内容分析と合わせてその意味について考えてみます。また，ある部分だけ線が薄いということも，その部分にしっかり関われないという意味では“囚われ”のコアイメージがあると言えます。一方で，地中の根が透けて見えたり，人間の内臓が透けて見えるような透明性は，“現実的には見えるはずのないものが見えている”状態を示しており，心理的なコアイメージ以前に，極端に表現力を欠いている，現実感覚を失っている，あるいは不合理さを無視しているということで，現実検討力の指標として考えてみることが優先になります。

62

第3章　描画テストの解釈過程

図9　陰影，抹消，透明性のコアイメージ

（6）内容分析の解釈仮説：役割や働きから推測する

　内容分析の解釈仮説に対する考え方も基本的には同じです。奥田（2019, 2022, 2023）はバウムテストの幹や根，実について考えるうえで，公表されている多くの木の絵を追体験的になぞりました。そして，幹や根，実を描く過程で生じる心の動きと解釈仮説との関連を考察しています。例えば木の幹の太さには被検者自身のbody（胴体）の感覚とそこに保有されている活力・エネルギーの感覚の投映が生じていることや，根と地面を描くことには自らの定位感と基盤感覚が含まれること，包冠線の描画体験には，外界と自己とのせめぎ合いから生じる相互作用の体験というテーマが反映されていると述べています。
　本書では絵のすべての要素に目を配る方法として模写を推奨しましたが，多くの絵を模写しながらそこで生じる体験を振り返ることによって解釈仮説のコアイメージを掴むことができます。これは形式分析のコアイメージを解説してきた方法と同じです。さらにシンプルに，その内容

第Ⅰ部　講義編

の役割や働きからコアイメージを想像することもできます。例えば木における根の役割を考えてみてください。根は，①大地から養分を吸収する役割があると考えれば，人間にとっての大地といえるような無意識との関わりについて「無意識の欲求や精神的エネルギーの強さと受容度を表す」と解釈したり，②樹木全体を支える部分であることから，「過去，現在，社会に根づく自我の安定性の程度」という解釈仮説は受け入れやすいものです。ここで「根づく」という単語が用いられているように，逆に慣用句からそのものの意味を考えてみることもできます。「根づく」「根拠」「根本的」など，根には"定着"や"おおもと"のコアイメージがあると考えれば無理のない解釈となります。

　人物像についても同じです。頭や手足，胴体といった身体部位の役割について，さらに細かく，頭部だけでも目や鼻，口，さらには表情がどのような働きをしているのか考えてみます。木の絵は模写をすることで追体験を促しましたが，人物像は自分の身体を使ってまさに体験することができます。全体的評価を行うためのヒントとして述べた運動感覚的な共感を手掛かりにする方法は，このような解釈につながります。空井（1986）はマコーバーによる人物画の内容解釈をコンパクトに図示し，〈目〉は「外界と接触する基本的器官」と記述しています。目の中心的働きは"外界を見る"ことであり，これがコアイメージです。そのため，目を閉じれば「外界が見えない・見ない」と解釈することにそれほど違和感はありません。〈手〉が外界に働きかけるものとしてのコアイメージを持つのであれば，手を伸ばすことの意味，それは人を攻撃することにも守ることにもなるという多義性を踏まえた解釈が行われます。

　描かれたものについて，その役割や働きから，また慣用句から自分で考えたコアイメージは，テキストによって確認することが必要ですが，私たちの感覚とテキストの記述が合わないこともあります。それは，描画の指標には普遍的なものと，時代や文化の影響を受けやすいものが

あるからです。〈目〉や〈手〉のような人間の身体そのものの機能は時代や文化によってそれほど変化するものではありません。一方で、〈毛髪〉が「男らしさ・男性衝動」を表すという解釈仮説については、現代ではヘアスタイルを含めた多様な自己表現が許容されていることを考えると、一概に「男らしさ・男性衝動」と解釈することには違和感があります。他にも〈くつ〉が「性衝動」を表すとの解釈仮説も、マコーバーのテキストが書かれた 1940 年代の時代背景を加味する必要があります。このように、内容分析についてはコアイメージをアップデートすることが必要です。

さらに内容分析では被検者固有の意味も含まれている可能性があります。本来は普遍的な意味をもつものであっても、それには被検者の強く印象に残った思い出が含まれている（野口・馬場，2016）かもしれません。そのため内容分析の指標では、テキストを参考にしつつ、被検者の説明も聞きながら、最終的には検査者が納得できる解釈仮説を選ぶことが大切です。

本章では形式分析と内容分析の解釈仮説について、それぞれに分けて解説してきました。二つの分析は反応過程のメタファーモデル（Viglione & Rivera, 2013）に当てはめるならば、形式分析は被検者のエネルギーや統制、境界、広がりといったより機能的側面が"レントゲン的に"表現され、内容分析は被検者のイメージの内容が"プロジェクター的"に映し出されると言えるでしょう。

5. 特徴を立体的に読み取る

被検者の描画特徴をピックアップし、コアイメージをもとにテキストの解釈仮説を確認しました。ここからは個々の指標ではなく、1 枚の絵として解釈する段階、一人の人物として被検者像をまとめる段階に入ります。

第Ⅰ部　講義編

（1）ストーリーを組み立てる

　最初は日常的な文章を例にして考えてみましょう。私たちが文章を読む場合は，文章の中から単語を認知し，文の統語構造を解析して読んでいます（川﨑，2014）。例えば名古屋城と金平糖とショベルカーという単語があるとします（**図10**）。これを並べると，「名古屋城があり，金平糖があり，ショベルカーがありました」となります。この文章は事実が並んでいるだけで，全体としてどのような状況なのかはわかりません。そこで私たちは事実を関連づけて一つのストーリーを組み立てますが，多くの人は「名古屋城に金平糖が降り注ぎ，ショベルカーで埋めている」というストーリーは作りません。なぜなら，この記述は現実にはあり得ないからです。一方，「金平糖を食べながら名古屋城を観光していたら，お堀でショベルカーが工事をしていた」というストーリーであれば筋は通ります。後者のストーリーが思い浮かぶのは，私たちがこれまでの経験からそれぞれの物体の大きさについて，また金平糖が食べ物であり，ショベルカーが建設工事に使われる重機であるという基本的な知識を持っているからです。さらに単語としては明示されていませんが，「語り手」の視点を含めることで，三つの単語がまとまり現実的なストーリーになっていきます。

　このような考え方を描画テストにも取り入れてみましょう。絵を解釈する場合も，描画指標の基本的な知識，つまりコアイメージを用いて絵の構造を解析しながら，ストーリーを見出します。例えば，**図11**の絵から「強い筆圧で，小さく描かれた木の枝に鳥がとまっている」ことが特徴としてピックアップされたとしましょう。そこでテキストを開き，強い筆圧，小さいサイズ，鳥を描くことの解釈仮説を調べて確認します。高橋・高橋（2010a）によれば，強い筆圧は「①心理的緊張の強さ，②高いエネルギー水準，③自己主張，④攻撃性，⑤活動性」，小さいサイズは「①不安，②低い自尊心，③自己抑制，④劣等感，⑤抑鬱感，⑥無

第 3 章　描画テストの解釈過程

図 10　単語をまとめてストーリーを組み立てる

力感，⑦引きこもり」を示すことはすでに述べたとおりです。そして，鳥を描くことは「明るい気分や希望を表すことが多い」とあります。仮にそれぞれの①の解釈仮説を集めて並べると「被検者は心理的緊張が強く，不安で，明るい気分である」となります。それぞれの指標の解釈は間違っていませんが，ストーリーがなく，釈然としない解釈と言われても仕方がありません。

　そこでまずは，形式分析の筆圧のコアイメージである"エネルギー"を土台にしつつ，サイズのコアイメージの"広がり"を組み合わせて絵の構造を捉えます。すると「エネルギーはあるものの，一歩を踏み出せずにいる状態である」という葛藤的な被検者像が見えてきます。そこに「一歩踏み出せない状態」にはどのようなことが考えられるのかについて，基本的な形態に問題がないこと，強い筆圧であっても統制されていること，枝が鋭くとがっていること，さらには臨床心理学的な知識を踏まえて組み立てていきます。例えば，「エネルギーは十分にあり，それ

67

第Ⅰ部　講義編

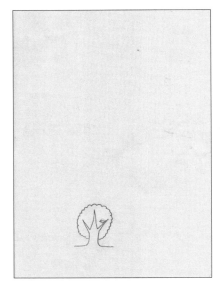

図 11　描画例③

がつぎ込まれた感情を統制する力も持ちあわせているものの，そのエネルギーを活用して自分の可能性を広げ外側の世界に関わっていくことができず，その不全感から自尊心が低下した状態にある。あるいは自尊心が低下しているからこそ，一歩踏み出せない状態にあるとも言え，その悪循環に陥っている可能性がある。一方で小さいながらも鋭く尖った枝先から，その不全感を晴らすように他者に向かって強く出てしまうところもあり，かえって関わりを難しくし，さらに自尊心の低下が進み，先述の悪循環を強めていると思われる」と解釈できるかもしれません。

　付加物の鳥は，シンボルとしての意味は「神との交流や意識の高揚状態に入る能力（Cooper, 1978/1992）」ですが，羽ばたく自由なイメージや青い鳥のような幸せのイメージがあることを考えると，鳥を描くこと

68

は「明るい気分や希望を表すことが多い（高橋・高橋，2010a）との解
釈仮説も頷けます。ただし，描画の順番やそれに関わる観察も解釈に影
響を及ぼします。もし被検者が木を描き終え，しばらく自分の絵を眺め
たあとに鳥を加筆したとすれば，鳥は現在の明るい気分を示しているの
ではなく，明るい気分を求めていると解釈したほうが，さきほどの絵の
意味構造に沿った解釈になります。

　ストーリーを組み立てるとは，描かれた絵からどのような意味構造（心
的構造）が浮きあがってくるかを考えることであり，そこに含まれるズ
レや関係性を読みとき，被検者の主訴に至る経緯を説明することです。
言い換えれば，描画テストの解釈とは単に「○○な人だ」「△△な人だ」
と被検者の特徴を羅列するのではなく，「○○だが，△△のために□□
になっている」のように個々の描画指標の意味を踏まえながら，検査者
の見解を示すということです。

（2）自分のクラスターを作る

　テキストには一般的な解釈仮説が示されているだけなので，被検者の
描いた絵の解釈は検査者が考えて見解を示す必要があります。テキスト
に書かれていないことを自分で考えてまとめる作業は，初学者だけでな
く誰にとっても難しいものです。加藤・吉村（2016）はロールシャッハ・
テストの解釈において，提唱されているクラスター（指標の集まり）を
解体して，自分のクラスターを作ることを推奨しています。しかしなが
ら描画テストにはそもそもクラスターがありませんから，描画テストで
は自分でクラスターを作ることになります。

　ここでは，心的活動のおおもとである“エネルギー”（筆圧）をベー
スにしたクラスターを用いてまとめる方法を紹介します（**図12**）。被
検者が絵を描くときに，「何を描こうか」といった内容は意識されやす
いのに比べ，「どのように描こうか」といった形式，とくに描線は意識

第Ⅰ部　講義編

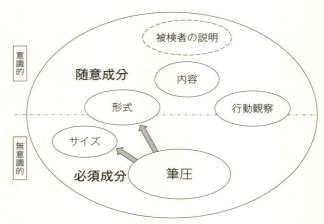

図 12　筆圧をベースにしたクラスター

されにくいと言われています（阿部，2013）。そこで，まず意識されにくく機能的側面である筆圧からエネルギーのありようを把握し，他の指標との兼ね合いに注目します。その他の指標のうち，特にサイズは大枠を定める上で重要です。高いエネルギー（強い筆圧）があり自己拡張的（大きいサイズ）なのか，低いエネルギー（弱い筆圧）なのに自己拡張的（大きいサイズ）なのかについての分析は，被検者の自己と他者（外界）との関係性という心理的援助の基礎に関わる情報だからです。それを押さえたうえで，さらに他の指標を関連させてみていきます。ここでも，エネルギーは他の指標の意味を強めたり，逆に弱めたりする働きがあることを踏まえてつなげていきます。例えば，強い筆圧でスピード感のある線で描かれた鋭い枝の木は，強い攻撃性が他者（外界）に向けられることを意味し，弱い筆圧でスピード感のない線で描かれた鋭い枝の木は，攻撃的になるとしてもそれほど強いものではないと考えられます。

　これまでにも絵の特徴からストーリーを組み立てることは，文の統語

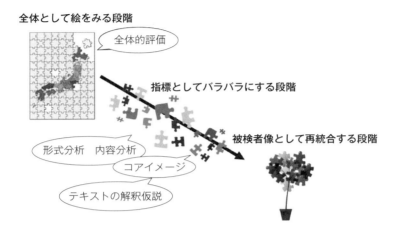

図 13　描画テストの解釈過程

構造を解析することに似ていると説明しました。クラスターを作る場合も，文章が必須成分（主語や述語など文型を構成する基本部分）と随意成分（その他の部分）から構成されている（原沢，2016）というイメージを参考にしてみたいと思います。そこで，まずは筆圧を必須成分（絵の全体の意味を構成する基本部分）とし，そこにサイズやその他の形式分析の指標を随意成分として組み合わせ，さらに内容分析，行動観察やPDIを含む他の指標も随意成分として加えたクラスターを作成するようなイメージです。より無意識的な描線の引き方や筆圧などの形式的側面，より意識的なPDIや内容的側面を組み合わせる場合には，それぞれの意識水準の違いを念頭におくことで，より統合的な解釈になります。

図 13 に描画テストの解釈過程をまとめました。最初のステップは全体として，1 枚の絵にじっくりと向き合います。ここで私たちが見ているのは木の「絵」や人物の「絵」です。絵に対する全体的評価として，

第Ⅰ部　講義編

この絵が好きか嫌いか，どのような形容詞やオノマトペが浮かぶかなど，率直な感想を書き留めます。次のステップでは，絵を分解します。これは完成していたジグソーパズルをバラバラにするようなイメージです。模写やディスクリプションを通じてすべての要素に目を向けながら個人間比較や個人内比較により被検者の特徴をピックアップし，その特徴がどのような意味を持つのかをじっくりと考えます。これはジグソーパズルの一つ一つのピースについて，色や形を丹念に確認するような作業です。最後のステップは再統合です。それぞれのピースを組み合わせて絵柄を完成する段階です。特徴となった指標のコアイメージを用いて相互関係や因果関係を類推し，さきほどのクラスターや臨床心理学の理論を基礎にして被検者像を立体的に組み立てます。これによって，最初は「木」や「人物」の絵でしかなかったものが，被検者の主訴に関する「ストーリー」として新たな姿を現します。

　描画テストの解釈過程について別の言い方をすれば，グラフィックコミュニケーションとしての絵の分析，ノンバーバルコミュニケーションとしての行動観察，バーバルコミュニケーションとしての描画後の質問，それらを総合しながら被検者のパーソナリティに関する仮説を生成していく作業です。初学者だけでなく経験者にとっても最後のステップは難しい作業です。しかし「なるほど，そういうことか」と腑に落ちる瞬間はとても面白く，描画テストの最大の魅力なのではないでしょうか。

72

第4章

所　　見

　最後は所見作成について取り上げます。まとめ上げた解釈を読み手に
わかりやすく伝え，支援に役立つ言葉に変換していくことも初学者を悩
ませる作業です。「所見に何を書けばよいのか」と質問されることがあ
りますが，何を書けばよいのかわからないときは検査目的に立ち戻りま
しょう。どのような目的で心理テストが実施されたのか，依頼者は何を
知りたいのかが明確になればおのずと書く内容は決まります。本章では
所見に関する基礎的な文献を紹介しながら，臨床的な所見をどのように
作成していくかについてのポイントをまとめていきます。

1.　心理テストの所見に関する文献レビュー

　基本から応用までの全般についての文献：『エッセンシャルズ 心理ア
セスメントレポートの書き方〈第2版〉』（Schneider, 2018/2023，日本
文化科学社）はその名の通り，所見の書き方のテキストです。所見を書
くときには何を優先すべきかといった本質的な問題から，書き手と読み
手の経験の隔たりを埋めることを可能にする書き方，さらには細かな文
章表現まで，まさに所見を書くために必要な知識が詰め込まれています
ので，お勧めの一冊です。所見の内容はもちろんですが，文章表現に配
慮することも所見では重要です。そのためには日本語表現に関する書籍
（『日本人のための日本語文法入門』（原沢，2016，講談社））なども役に
立ちます。

第Ⅰ部　講義編

　　具体的な整理法を示した文献：松澤（2008）は，読み手を意識して書くことの重要性を述べながら，所見に含まれる内容として，①対象者の氏名や性別といった基本情報，②アセスメントの目的・理由，③アセスメント実施の状況・様子，④アセスメント結果・所見，⑤所見（まとめ）を挙げています。特に，④アセスメント結果・所見では，数値などの生データを記述するだけではなく，そのデータから何が読み取れるのかを考察し，記すことが重要であると述べています。生データを提示するだけでは，読む人に解釈を委ねることになります。心理テストの所見は検査者の責任において，データを解釈し伝えるものでなければならないと注意喚起しています。

　　所見のポイント・注意点に力点を置いた文献：『改訂 心理学と精神医学の分野での報告書の書き方』（Huber, 1961/2009, 悠書館）の原書はかなり古いものになりますが，読む人に「解釈を委ねる」べきではなく，「読む人が勝手に読みこむ」余地があってはならないとの戒めは，今でも所見の基本といえるでしょう。菊池（1990）は，臨床経験の少ない検査者の所見には，相反する結果をそのまま羅列したものがあると指摘し，所見を作成する際に矛盾を放置せず，一貫性のある統合的な所見になるようにすべきとの示唆を与えています。

　　所見のコツから勉強法まで示した文献：『ロールシャッハテストの所見の書き方』（加藤・吉村，2016）はロールシャッハ・テストの所見の書き方を示していますが，後半には臨床家による座談会の記録が掲載されています。「いい所見とは？」「どんな風に考えて書いているの？」「熟練までの過程・勉強の仕方」など，誰もが抱く悩みについてリアルな言葉で書かれています。熟練するための早道はありませんが，悩み成長するプロセスは誰しも同じなのかもしれないと思える一冊です。

　　事例を集めた文献：竹内（2009, 2016）は医療・福祉・司法・産業領域を網羅した心理検査の事例集を編集しています（『事例でわかる心理

74

検査の伝え方・活かし方』，『心理検査を支援に繋ぐフィードバック』，ともに金剛出版）。各章の担当者によって所見の様式は異なりますが，簡単な検査結果とともに所見が報告されているので，実際の所見を学ぶことができます。同書ではそれぞれの事例に対して経験豊富な臨床家のコメントがついていることが特徴で，事例検討会の趣があります。

2. 被検者の日常につなげて書く

　初学者の所見の中には，抽象的な表現が多く，被検者の人物像が掴みにくいものがあります。所見が抽象的な人物像になりがちな理由の一つとして，検査者がテキストの言葉をそのまま引用することが挙げられます。テキストにある解釈仮説は，いわばこれまでの研究成果のまとめです。研究論文は事象を抽象化し，一般に活用できるようにすることが目的であり，テキストもまた一般化した内容を伝える役割から，抽象的に記述されています。逆に所見は被検者のためにオーダーメイドで作成されるものです。骨格となるテキストの解釈に，その人なりの肉づけをしなければ，その人らしさは伝わりません。つまり検査者は抽象化された解釈仮説を被検者の日常に落とし込むことが必要です。例えば，二次元の枝に与えられた解釈から「内界と外界の精神的交流を円滑に行うことができる」というテキストの解釈をそのまま書くよりも，テスト場面でのエピソードや，主訴（例えば，転勤の内示があり不安である）や，被検者の現状（転勤後も家族と同居が可能である）を踏まえて，「被検者の他者との関わりを反映する枝の描き方からは，被検者が自分の感情を適切に表現できると考えられる。これはテスト場面でも絵の苦手さについて率直な発言がみられたことからも裏づけられた。自然に他者と交流できることは被検者の強みであり，被検者が新生活への不安を訴えることでサポートも得やすくなり，新しい生活にも自然となじむことが期待

第Ⅰ部　講義編

できる」と記述すれば，依頼者にも現在の日常に即したリアルな被検者像が伝わるのではないでしょうか。所見は，被検者の生活に役立つような今後の方針を示すことを目標に，描画テストの結果から被検者の問題を解き明かして説明するものです。隈元（2018）は，心理テストの結果を静的な抽象的なものとだけ理解せずに，日常とのつながりをもつ動的なものと捉えることで心理的支援につながると述べています。

　一方で，初学者がすらすらと具体的な所見を書くことができたときも，別の意味で注意が必要です。初学者によく見られることとして，インテーク面接などで得た臨床情報を，心理テストから得た情報と混同して解釈に含めてしまうことがあります。それでは心理テストを実施する意味がないどころか，心理テストの姿を借りた主観的な意見の押しつけです。心理検査の結果と被検者の日常を結びつけることと，日常のエピソードを解釈に混ぜることは全く異なります。こうした解釈について，川嵜（2018）は外的情報を単にうまく描画に当てはめているだけの解釈と呼んで，戒めています。繰り返しになりますが，心理テストの所見は心理テストの結果に基づいて人物像を描き，それを具体的な日常のエピソードを利用してわかりやすく説明するものであると考えてください。

3.　自分の言葉で正確に書く

　検査者がテキストの言葉をそのまま引用することについては，竹内（2016）も安易なマニュアル主義的態度が感じられると危惧しています。検査者がさまざまな情報を統合して描いた被検者像が，テキストの言葉やステレオタイプな表現に当てはめた瞬間に「この絵を描いた被検者」ではなくなります。テキストの言葉を使うことで，検査者が絵から受けていた印象，理解していた被検者像から離れて，平板なありきたりの解釈に変わり，極端な場合には理解した被検者像とは異なることすらあり

ます。自分の考えをテキストの言葉に合わせるのではなく，絵から読み取れた被検者像を正確に伝える言葉を探し，選んでください。

　具体的に説明してみましょう。解釈仮説として「可塑性の欠如」と記載されている場合，仮に「可塑性の欠如」という観点が全体との整合性のある解釈であったとしても，被検者の特徴は「可塑性の欠如」の言葉にふさわしいものでしょうか。欠如とは「欠けていて無い」ことを意味し，二者択一的な言葉です。そして，検査者自身が被検者の「可塑性の欠如」の様子を具体的に想像できないのであれば，他の言葉を選択したほうがよいでしょう。検査者がまさに「欠如」と考えているなら問題はありませんが，その被検者にとっての「可塑性の内容」も加味した上で「柔軟性が不足していて，臨機応変に対応することが苦手である」と記述するほうがふさわしい場合もあります。その言葉を自分が被検者に伝えられるかと想像してみてもよいかもしれません。伊藤（2017）は，例えば被検者が臨機応変に対応できないことをどのように体験しているのだろうかと考えながら，得られた解釈に基づいて言葉や表現を選ぶことを勧めています。所見の言葉が被検者像を作り上げると自覚し，検査者が解釈した被検者像を的確に伝える言葉を選びます。

　正確に書くという点では，大袈裟な言葉を使って説明していないかということにも注意しましょう。全体的評価での「寂しい」という印象が，所見を作成し言葉を選ぶ段階で「寂しい」から「孤独」へ，さらに「絶望」へと飛躍して記載されると，所見を読んだ人は被検者が「絶望した人」だと受け取ります。所見の段階で被検者像がすり替わらないように，受け取った世界の重みにふさわしい言葉を使います。そのためには検査者の語彙力を鍛えておくことが必要です。語彙を増やすためには本を読むことが大切だと言われますが，石黒（2016）は自分が使おうとしている言葉の類義語を考えることで，より適切な語を選べると述べています。国語辞典や類語辞典を活用しながら，語彙のレパートリーを増やし，そ

第Ⅰ部　講義編

の語の持つニュアンスにも配慮した言葉選びができるようになりたいものです。自分の言葉で書くということは，自分の考えを書くことではなく，根拠のないことを盛り込んでまでわかりやすく書こうとすることでもありません。検査者の理解を的確に伝えるために，検査者自身がその言葉の意味をよく理解し，そして読み手がイメージしやすい言葉で書くということです。

　また，「所見の適切な分量はどの程度ですか」と質問されることがあります。心理テストから得られた結果や解釈をすべて書くとかなりの分量になり，かえって散漫な印象を与えるかもしれません。必要なことが多くて絞り切れない場合は，まずは依頼者や被検者に役立つ情報のうち優先順位の高い内容を三つ程度選択し，重要な順に書くことをお勧めします。その中には被検者の問題点だけでなく，適応的な側面を書くことも意識します。他の人より優れているほどではないとしても，標準的であるとすればそれを被検者の強みとして説明することもできます。

　そして作成した所見に対する依頼者の感想を聞いてください。依頼者から「短い」と指摘されれば，依頼者が期待していた内容が書かれていないということです。逆に「長い」と指摘されたら，ポイントが絞られていなかったのかもしれません。どちらにしても，検査目的が共有できていたのかどうか考えてみましょう。書くべき内容が多くてもポイントを端的に記述すれば，それほど長い所見にはならないはずです。所見にどの程度詳細な根拠を含めるのかなども含め，依頼者ごとに必要とする所見は異なります。そのテストの解釈が適切になされてさえいれば，長く詳細な所見も短くコンパクトな所見もどちらにも対応できるはずです。

　描画テストを解釈し所見を作成する作業は，「絵の指標から言語への通訳」（馬場・松田，2022）であり，それは言葉だけでなく「そこに漂う空気を言葉に置き換えていくような作業」（朴，2008）です。そして実際には，被検者の家族歴や現病歴，さらには時代や文化の影響を考慮

しながら，被検者の想いをできるだけ正確に受け取り，同時に所見の依頼者の背景にも配慮し，アセスメントに有意義な情報を提供しなければなりません。インプットされた非言語的情報を言語情報としてアウトプットする，つまりグラフィックコミュニケーションをバーバルコミュニケーションへと変換する仕事はとても繊細な作業です。検査者である私たちは依頼者にわかりやすく伝えるために，時に意訳することはあっても誤訳にならないように，開かれた非言語的感覚と繊細な言語感覚を磨いていきたいものです。

4. フィードバック

　最後に被検者へのフィードバックについて述べます。本書では依頼者への報告書を「所見」と呼び，被検者や家族への報告を「フィードバック」と呼んで区別することにします。津川（2015）はフィードバックの基本として，①あれもこれも山のようにフィードバックしない，②対象者の状態に合わせて，相手が内的に受け取れる内容を，順番を考えて，理解できる表現で説明すること，③協働作業であること，④健康な側面も伝えること，⑤心理支援の一環であることを意識して返すことの5点を挙げています。所見とフィードバックを比較すると，①と④は共通しますが，②③⑤は異なります。②については，所見は依頼者に対して心理アセスメントならではの結果，つまり被検者が意識できていないことも含めた正確な情報を伝えること，これからの援助方針を決定するための資料を提供することが目的です。一方でフィードバックは，被検者が自分を理解し，変化することを支えることが目的です。そのため内容が正しいとしても，被検者が意識していない問題にいきなり踏み込み，被検者を不安にさせることがあっては心理的な援助とは言えません。所見とフィードバックが全く解離してしまうと問題ですが，所見は「依頼者

に役立つ内容」，フィードバックは「被検者に役立つ内容」と区分けして，それぞれにふさわしい形でまとめます。フィードバックでは所見をそのまま読み上げるようなことのないように，内容や順番，表現に配慮し，内容の一部はその時点では伝えないという判断も必要です。

　また，依頼者への報告である所見は依頼者に提出して完結しますが，フィードバックのセッションは心理アセスメント結果を一緒に話し合う（③）ことで，より直接的な心理支援（⑤）となります。近年のフィードバックは心理アセスメントのプロセスに介入を含む治療的アセスメント（Finn, 2007/2014）に言及されることが多くなりました。治療的アセスメントを導入するためにはそれなりの面接回数と臨床的技能の必要性が指摘されていますが（吉村，2016），実施する心理テストの目的を説明したり，ラポールを形成したりすることは従来から重視されています。治療的アセスメントの構成要素の一つであるアセスメント・クエッション（被検者の困りごとをアセスメントの中心に据える）は，これまでの心理アセスメントにも無理なく取り入れることができます。また，フィードバックの内容は被検者が受け入れやすい情報（レベル1），自分について異なる視点から眺められるような情報（レベル2），普段の自分からはかけ離れていて不安を掻き立てるために，伝える場合もあると位置づける情報（レベル3）の順に伝えるとの指摘も，治療的アセスメントでなくても取り入れるべき重要なポイントです。

　心理テストの結果のフィードバックでは，再検査への影響という観点から被検者の反応内容に触れることは控えるべきだと言われています（津川，2015）。なかでも描画テストは事例の経過に合わせて繰り返し実施されることの多い検査ですから，反応内容（何をどう描いたか）に触れないよう十分な配慮を必要とします。結果が数値に集約される知能検査や質問紙テスト，ロールシャッハ・テストのフィードバック（中村・中村，1999；依田，2017；隈元，2018；清島・古賀，2021）では，個々

の反応に触れることなく，指標の意味を説明することができます。一方で，描画テストの結果を説明する場合は，描かれた絵を挟んでの説明にならざるを得ません。描画テストの指標を説明することは，そのまま被検者の反応内容に触れて意味づけすることになるため，指標そのものの説明ではなく，統合的に導きだされた解釈を中心に説明するなど，再検査に影響しないように細心の注意をもってフィードバックを行う必要があります。

　吉田（2018）は描画後すぐに作品を挟んで「たくさんの葉をつけた大きさのあるバウムを一生懸命描いていた。あなたは毎日怠くて，泥の中にいて，それは変わらないと言うけれども，潜在的にはエネルギーがあるようだ」と伝えています。この短いセンテンスには，いくつもの工夫があるように思います。「たくさんの葉をつけた大きさのあるバウム」は絵の内容をなぞっているだけで，「たくさんの葉」や「大きいサイズ」といった指標が何を意味しているのかを解説しているわけではありません。「一生懸命描いていた」という行動を取り上げていますが，これは被検者の受け入れやすいレベル1の情報です。「あなたは毎日怠くて，泥の中にいて，それは変わらないと言うけれども，潜在的にはエネルギーがあるようだ」というフィードバックではレベル2へと進んでいます。「怠くて，〜それは変らない」，つまりエネルギーがないとのクライエントの訴えを，潜在的にはエネルギーがあると異なる視点へと導いています。ここで「筆圧が強いから」と指標に言及すると再検査に影響する可能性があるので，指標と対応させずに伝えたのではないでしょうか。

　吉田の事例はここまででしたが，もしも〈うろ〉が強調されているような絵であったとしたら，それが心的外傷体験の表現である可能性を考え，被検者の不安を喚起するレベル3の情報とみなして，この段階での指摘は控える判断も必要です。数値やプロフィールではなく，描かれた絵を見ながらのフィードバックには，言葉を介さずにそのままに伝わる

第Ⅰ部　講義編

グラフィックコミュニケーションの特徴があることを忘れないようにしてください。また，話し合うプロセスが描画療法的に働いて内面に向き合うことを促進し，意図せずレベル３の情報に踏み込んでしまう危険性があります。吉村（2016）は，何をどこまで患者に伝えるかは患者と患者によって差し出されたテストデータに聞くしかないと述べています。検査者は自分の力量を踏まえて，検査者の独りよがりなフィードバックにならないように，十分に注意したいものです。

　フィードバックでは被検者に対し，自身に何が起きているのかを説明しますが，「それで，どうしたらいいのですか？」という被検者の問いかけに答えることが最も大切なことではないでしょうか。そこで私は「検査者はプランナーたれ」と提案したいと思います。例えば，ウェディングプランナーは顧客の希望（予算や日程，こだわり）を聞き取りながら，適切なプランを提案します。顧客の感想を聞きながらさらにプランを修正し，顧客が満足できる結婚式が挙げられるようにサポートすることが業務です。私は心理テストの検査者も同じではないかと思います。検査者の仕事は，クライエントの問題解決のために，心理アセスメントを通じて，さまざまなプランを提供するとてもクリエイティブな仕事です。困難な問題に立ち向かうクライエントが少しでも勇気づけられ，明るい気持ちになるような楽しいアイディアを出せるようになりたいものです。優秀なプランナーになるためには臨床心理学だけではなく，クライエントを取り巻く環境的な要因，例えばクライエントの職種の特徴や趣味について想像できるように知見を広げておきましょう。

第Ⅱ部

事例検討会編

第II部は架空の事例検討会です。これから紹介していく事例検討会は，描画テストを用いた心理アセスメントを中心に，月に1回程度の頻度で開催される形式のものです。事例を細かく検討するだけでなく，実際に所見を作成し，ディスカッションすることがこの事例検討会の特徴の一つです。事例検討会には，心理職を目指す大学院生や，大学院を修了してさまざまな現場で描画テストを活用している心理専門職が集まります。そして，精神科医療の分野で臨床経験が長く，大学では描画テストを専門として心理アセスメントの授業を担当する講師が事例検討会のポイントをまとめていきます。今回の参加者は，発表者（心理専門職の資格を取得して3年目，精神科のクリニックに勤務）と，心理専門職を目指す大学院修士課程1年のAさん，精神科の病院に勤務するBさん（心理専門職の資格を取得して10年目）です。

　みなさんも事例検討会の参加者になったつもりで，仮説を立てて絵の分析や解釈を試み，紙上のディスカッションに賛同したり，異議を唱えたり，自分の考えを言葉にしながら読み進めることをお勧めします。では，事例検討会を始めましょう。

第 1 章

臨床情報からの仮説生成

　事例検討会は発表者の事例概要の紹介から始まります。主訴や家族歴，現病歴，受診の経緯などの情報からクライエントに何が起こっているのかを解き明かしていきます。クライエントの様子やテストバッテリーが組まれている場合はその情報を加えながら，クライエントのイメージを膨らませていきます。

1.　事例概要を聞きながら仮説を立てる

　事例検討会では，まずは事例概要から何がわかっているのか，わかっていないのかを明確にしながら，仮説を立てていきます。発表者からは，以下のような事例概要についての説明がありました。

【事例概要】

　クライエント（以下，Cl）は 20 代前半の女性。「気持ちが落ち込み，仕事を休んでしまう」ことを主訴として精神科クリニックを受診。家族は両親と Cl，弟の 4 人。

　小学 5 年生の頃に微熱が続いて登校できない時期があったが，自然と治まる。中学生になると文化系の部活に所属し，中 2 になると副部長を任された。部員をまとめることに苦労したが，積極的に発言することが多かった。高校に入学した当時は

85

第Ⅱ部　事例検討会編

> 環境に馴染めず，人にどう思われるか不安になったが，進級で
> きる範囲で休みながらなんとか登校していた。高2になるとク
> ラスに趣味の合う友人ができ，楽しく過ごせるようになった。
> 高3の1年間は受験勉強に追われて大変だったが，志望校に合
> 格し，とても嬉しかったとのこと。自宅から通学していた大学
> の4年間は特に問題なし。一般職として就職した会社では残業
> もあったものの，認められている証拠だと考えて頑張った。3
> 年目の配置転換で業務量は減ったが上司に叱責されることが続
> き，気持ちが落ち込むようになった。職場を休みがちになり，
> 両親に勧められてクリニックを受診することとなった。

発表者：以上が事例の簡単な概要になります。何度かの診察を経て，主
　　治医から現在のうつ状態の把握と，Cl のパーソナリティ理解，今後
　　の心理面接の適否を判断する目的で心理テストの依頼がありました。
　　そこでうつ状態の評価には，汎用性の高い自己評価尺度の CES-D
　　（The Center for Epidemiologic Studies Depression Scale）を用いま
　　した。パーソナリティの評価には，短時間で実施できる描画テスト（バ
　　ウムテスト）を組み合わせることにしました。バウムテストは精神疾
　　患の可能性，発達的問題，パーソナリティの理解など，幅広くアセス
　　メントすることができるので最初に実施しています。その結果に基づ
　　いて，必要があれば知能検査やロールシャッハ・テストを追加したい
　　と主治医に提案しました。
講師：発表者から簡単な事例概要の紹介と，使用した心理テストにつ
　　いて説明していただきました。実際にはすでにアセスメントが進んで
　　いるのですが，心理アセスメントの計画を立てるつもりで考えてみま
　　しょう。発表者のクリニックでは心理テストを使ってアセスメントす

ることが多いのですか？

発表者：主訴にもよりますが，心理テストの依頼は多いと思います。主治医から心理テストを指定されるときもありますし，パーソナリティの理解が目的の場合は，心理職に任されることもあります。自分が心理面接を担当している事例では，開始時や終結時に実施します。心理テストの情報は第三者の視点というか，自分が見落としている別の視点を提供してくれるので，できるだけ組み込むようにしています。

A：私はようやく事例を担当するようになったのですが，先生から「面接記録はセラピスト（以下，Th）が選んだ言葉の記録です」と言われたことがあります。逐語的に記録を作っているのですが，第三者の視点が必要なのでしょうか。

講師：面接に同席しているわけではないですから，スーパーバイザーは Th の記録を見ることしかできません。逐語的であっても，それは Th のフィルターを通した記録です。Cl の言葉も Cl が話してよいと思ったことです。その点，投映法の心理テストは無意識的な部分も含まれています。特に描画テストは Cl の心的世界をそのまま受け取ることができますので Th でも Cl でもない第三者の視点のチェック機能があると言ってもいいでしょう。

B：私が以前に勤務していたクリニックは心理職が一人しかいなかったので，自分の心理面接は進んでいるのか，これでいいのかと思うことがあっても，気軽に相談したり指導を受けたりすることが難しい状況でした。その場合，心理テストを取り入れることで，客観的・第三者的に Cl を見ることができます。自分の方針を後押ししてもらえるときもあれば，私が理解しているよりも Cl の状態が悪いことを伝えてくれたこともありました。気になる事例はできるだけ心理テストもしたいのですが，時間がないこともしばしばで，悩ましいところです。

講師：現場は忙しいですからね。今回は主治医からうつ状態の把握だけ

第Ⅱ部　事例検討会編

でなくて，今後の心理面接も視野にいれてのアセスメントの依頼です。
ここまでの事例概要から，「気持ちが落ち込み，仕事を休んでしまう」
という主訴について，どのようなことが考えられそうですか？

A：前の部署では残業があっても認められていると思ってがんばった，
　　新しい部署は残業が減ったので，認められていないように思えて，落
　　ち込んでしまったというのはどうでしょう。厳しい上司に叱責されて，
　　「ああ，私はダメなんだ」と思ってしまったとか。厳しい上司とあり
　　ますが，どんなふうに怒られるのでしょう。厳しく怒られたら行きた
　　くなくなります。最近は会社のパワハラがニュースにもなっているし，
　　Cl の問題だけじゃないかもしれません。

発表者：たしかにパワハラの可能性も考えたほうがいいかもしれませ
　　ん。「厳しい」がどの程度なのか，ということですね。

講師：「厳しい」という言葉の内容を Cl と検査者が共有しているとは限
　　りません。もう少し具体的に，どのような状況で叱責されたのか，ど
　　の程度の叱責なのか，それをサポートしてくれる先輩や同僚はいるの
　　かなどを確認すると，Cl を取り囲む環境が理解できます。

B：現病歴からは精神病のような問題はなさそうですし，家族に精神科
　　の既往歴のある人はいないということでよかったでしょうか。小学 5
　　年生の頃の微熱も心因性だったとすると，かなり長い歴史がありそう
　　です。もう少し，小学生の頃の話も聞きたい。副部長を任されたり，
　　部員をまとめたり，本人はそれがストレスだった可能性もありますね。
　　Cl の人間関係についてどのような特徴があるのかが気になります。

A：趣味の合う友だちができた時期は良かったとすると，今の職場に話
　　の合う同僚はいるのでしょうか。

発表者：現在の職場の上司が今回の引き金になっているとしても，単に
　　環境調整をするだけではまた同じことが繰り返されるのかもしれませ
　　ん。まだまだ情報が必要ですが，主治医も精神病圏の問題は考えてい

88

ないようでした。職場の状況はあまり詳しく聞けていません。Cl は今回の気持ちの落ち込みの原因が上司に叱責されたことだと考えているようですが，それは単なる引き金かもしれないので，パーソナリティを理解することも必要だと思います。

Ｂ：家族についての情報はありますか？　ご両親のお仕事は？

発表者：ご両親はともに 40 代後半で共働き家庭です。お父さんは営業職で，お母さんは事務職のようでした。弟さんは 3 歳下で大学生です。

Ｂ：家庭の雰囲気はどうだったのでしょうね。

発表者：あまり聞いていないのですが，「ご家族はどのような方ですか？」と質問しても，Cl も「特に，普通です。みんな忙しいので」といった感じでした。

Ａ：どうしてパーソナリティテストの中で描画テストを選んだのですか？

発表者：大学受験の話から知的な問題はなさそうだったので，パーソナリティテストとしてバウムテストを実施することにしました。描画テストを選んだ理由は，クリニックの現実的な制約が関係しています。ロールシャッハ・テストの場合は 2 時間の枠が必要ですが，描画テストであれば 50 分の面接枠で実施できるからです。描画テストであたりをつけて次のテストを選ぶことにしています。

講師：現実的制約の中で，できることをするのが現場です。その上でやはり追加のテストが必要ということであれば，ロールシャッハ・テストを実施すればよいと思います。さて，みなさんからいろいろ意見が出ました。①精神病圏の問題はないという仮説をバウムテストから検証することが一つありました。さらに，②承認欲求が満たされていないという仮説を立てましょうか。③人間関係にストレスがあるという仮説もありますね。人間関係に疲労困憊して仕事を休んでいるのではないかという仮説も立てられます。さて，これらの仮説は今回の心理テストから検証できるでしょうか。

第Ⅱ部　事例検討会編

検討会のポイント①　生物−心理−社会モデルを意識する

　事例検討会は，発表者のクリニックの状況を確認することから始まりました。心理アセスメントとしてどのようなテストバッテリーを組むのか，それぞれのクリニックの現実的制約もありますから，できるだけ発表者の状況に合わせて助言，ディスカッションを行います。

　Clに何が起きているのかを解き明かすために，参加者は主訴や生育歴，家族歴の情報を確認しています。発表者からは主治医が精神病圏の問題は考えていないようだと伝えられています。Bさんは家族関係に焦点を当て，Aさんは，直接的な引き金と思われる職場の状況に注目しています。このように，心理アセスメントでは生物−心理−社会モデルを意識しながら情報収集をすることが大切です。

　発表者がバウムテストを選択した理由は，主訴や現病歴から立てた仮説を検証する目的に合わせたというよりも，短時間で実施できるメリットのようです。バウムテストは描画テストの中でも全般的なパーソナリティを捉えることが可能で，パーソナリティの核となる部分が表れやすいテストです。また，まずは精神病圏の問題の有無を確認したい場合の課題としても妥当な選択です。どのような承認欲求があるのか，具体的な人間関係のありようはバウムテストではわかりませんが，環境の中で自分をどのように感じているのか，他者との関わりが持てるのかといったベースラインを理解することは可能です。家族の雰囲気や友人関係，職場の同僚との具体的情報が必要であれば，SCTをテストバッテリーに加えるとよいと思います。SCTは家に持ち帰って記入してもらうこともできるので，面接の時間枠にかかわらず実施できます。

2. 心理テスト当日の様子と質問紙テストの検討

　以上のように，事例検討会の初めのやりとりの中で仮説が立てられていきました。ここで発表者から，心理テスト当日の被検者の様子とCES-Dの結果について報告されました。

【当日の CI の様子】

　予定の日に来院した CI はモノクロのシンプルな服装で，カールしたやや長い髪と黒縁の大きい眼鏡が印象的。たまに仕事を休むことはあるが，なんとか出勤しているようで，心理テストの経験について尋ねると「初めてで緊張します」とやや硬い表情で答えていた。医師からは，今後の治療方針を決めるために心理テストを受けてはどうかと勧められ，自分でも受けてみたいと思ったとのこと。自分ではどんなことに困っているか，心理テストを受けて何がわかるといいかと尋ねると，少し悩みながら「気持ちが落ち込んでしまって，何もしたくなくなるのが困ります」「仕事も嫌いではないし，辞めたくはない。職場の上司が厳しくて怒られてばかりですが，失敗してしまうので仕方ないというか，私にだけ厳しいわけでもなくて，なぜ自分だけ落ち込んでしまうのか，そんなことがわかるのでしょうか？」と話していた。現在の出勤状況は，「週に1回くらい休みますが，なんとか行っています」とのことだった。

　検査者からは，「現在の気分の落ち込みを確認するテストをします。気分が落ち込んでしまうと何もしたくない，仕事が嫌いではないけれども休んでしまったりすることもありますよね。その状態を改善することが目標の一つですが，いろいろな要因が考えられるので心理テストで検討していきます。なぜ自分だけ落ち込んでしまう

第Ⅱ部　事例検討会編

のか，これからどうしていくと良いのかのヒントが得られると思っていますので，やってみましょう」と応じた。

【CES-D の結果】

　CES-D の結果は 30 点となり，気分障害群に判定された。質問項目のうち，「家族や友だちから励ましてもらっても気分が晴れない」「憂うつだ」「何をするのも面倒だ」「一人ぼっちで寂しい」の 4 つで〔週のうち 5 日以上あった〕にチェックあり。また「毎日が楽しい」（逆転項目）では〔1 週間で全くないか，あったとしても 1 日も続かない〕にチェックあり。その一方，食欲不振や不眠は〔週のうち 1 日〜2 日〕にチェックされ，「他の人と同じ程度には能力があると思う」は〔週のうち 5 日以上あった〕にチェックがされた。

講師：当日の Cl の様子を紹介していただきましたが，もう少し補足できますか？

発表者：予約時間の 5 分前くらいにいらっしゃいました。シンプルな服装ですが，無頓着な感じではなく，薄めのお化粧もしていました。緊張している様子でしたが，こちらの質問にはスムーズに答えてくれました。

講師：話してみて抑うつ状態はどうでしたか？

発表者：大人しい感じの人だと思いましたが，そこまでは感じませんでした。

講師：うつ状態が心配でしたが，身だしなみの様子や会話の様子から，心理テストが実施できそうという判断だったわけですね。

A：心理テストができないこともあるのですか？

第 1 章　臨床情報からの仮説生成

講師：Cl の状況によっては，当然できないこともあります。Cl が「大丈夫です，やります」と話しても，Cl の行動観察を含めて最終的に判断するのは検査者です。

発表者：職場を休みがちだと聞いていたので，もっと休んでいるのかと思っていたのですが，週に 1 回くらいでなんとか頑張っているようで，来院時の様子もそこまでうつ状態が強い感じではありませんでした。

講師：その感覚が正しいのか，CES-D によって確認したわけですが，この結果についてみなさんの意見を聞かせてください。

A：CES-D は正常対照群か，気分障害群かのどちらかに判定するテストですから，Cl はうつ病ですか。

講師：そんなに簡単にうつ病かどうかが判定できるものではありません。CES-D はスクリーニング的意味も強い検査ですから，気分障害群に入った場合，さらに詳しい検査も必要です。得点の範囲は 0 点から 60 点で，カットオフポイントが 16 点となっています。気分障害群の中でもどのあたりなのか，Cl の得点が 17 点なのか 30 点，50 点なのかによってかなり臨床像は異なります。CES-D のようなシンプルなテストでも，どのような質問項目により得点が高くなっているのかは参考になります。

発表者：CES-D は身体症状や抑うつ感だけでなく，対人的な項目が含まれているのが特徴のテストです。Cl の場合は食欲不振や不眠は〔週のうち 1 日～2 日〕にチェックされていたので，それほど頻回ではなくて，むしろ「憂うつだ」や「一人ぼっちで寂しい」などが〔週のうち 5 日以上あった〕にチェックされていたことが特徴です。身体症状よりも寂しい気持ちとか，抑うつ感が中心だという結果は少し意外でした。会った感じはそこまでうつ状態が強い印象は受けていませんでした。

講師：CES-D は自己評価尺度ですから，抑うつ感が中心であるというのも「Cl はそう思っている」ということです。このあとのバウムテ

93

第Ⅱ部　事例検討会編

　　ストや他の情報と突き合わせて，Cl に何が起きているのか明らかに
　　しましょう。

B：CES-D の結果はフィードバックの入り口として使えませんか？
　　「毎日のように一人ぼっちで寂しいと思うのですね？」と伝えると，
　　Cl としては「わかってもらえた」感じがするのではないでしょうか。

講師：心理テストの使い道を考えながら，テストバッテリーを組むとい
　　いですね。また，フィードバックのところで話し合いましょう。

A：CES-D で現在のうつ状態の把握はできましたが，同じような職場
　　環境でなぜ Cl だけが落ち込んでしまうのかはわかりません。だから，
　　バウムテストを実施するわけですね。

講師：今回のテストバッテリーは CES-D とバウムテストだけなので，
　　どこまで仮説が検証できるかは未知数ですが，そろそろバウムテスト
　　に進みましょう。ここからが今日の本題です。

検討会のポイント②　アセスメント・クエッションを共有する

　講師が心理テスト当日の被検者の様子を詳しく尋ねていますが，
事例概要によって立てた仮説（Cl のイメージ）と実際に会った Cl
の様子が一致するのかを確認しています。発表者が Cl の服装を紹
介していますが，服装は非言語的情報として役立ちます。「気持ち
が落ち込む」という主訴でありながら華美な服装で来院する場合も
あります。逆に身なりを整えることができないほどの落ち込みであ
れば，そもそも心理テストができない状態かもしれません。今回は，
身だしなみの様子や会話の様子から予定通り心理テストが実施でき
ると判断されました。

　発表者は Cl が心理テストについて医師からどのような説明を受
けたのか，また Cl 自身の困っていること，疑問に思っていること（ア

セスメント・クエッション）を確認しています。これは心理テストを実施するうえでとても大切なポイントです。今回は Cl も「受けてみたい」と前向きな様子ですが，医師からの「今後の治療方針を決めるために」という説明に加えて，「なぜ自分だけ落ち込んでしまうのか」というアセスメント・クエッションを明確にすることで，あらためて Cl の動機づけを高めることができます。また，アセスメント・クエッションは，フィードバックや心理面接の導入にも役立ちますから，できるだけ確認するようにします。発表者も Cl の主訴を受けながら，Cl が主体的に心理テストに取り組むように促しています。

　今回は CES-D とバウムテストのテストバッテリーが組まれています。CES-D では「気持ちが落ち込み，仕事を休んでしまう」という Cl の主訴を確認することができましたが，「なぜ自分だけ落ち込んでしまうのか」は明らかにすることはできません。今回の心理アセスメントでは，CES-D は状態像を把握するテスト，バウムテストはパーソナリティを把握するテストとして位置づけ，多層的に Cl 像を理解し Cl のアセスメント・クエッションに答えていきます。

覚書

・心理アセスメントでは，事例概要から立てた仮説を検証する意識をもちましょう。
・検査者は Cl の問題意識を明確にして，心理テストに対する動機づけを高めましょう。
・質問紙のテストは数値だけでなく，どのような質問項目にチェックしているのかを確認しましょう。

第 2 章

描画テストの実施

　描画テストの事例検討会は，参加者による率直な感想の共有から始まります。描かれた絵の紹介を聞きながら気づいたこと，気になったことなど自由に感想を述べ合います。絵が提示されると，全体的評価のような感想，あるいは形式分析・内容分析につながる感想が中心になりますが，描画テストから得られる情報はそれだけではありません。描画テストでは，教示を聞いている時や聞いたあとの Cl の様子，また絵を描いている時の Cl の様子も描画テストの重要な情報です。講義編でも述べたように，描画テストは絵の解釈のほかに，教示やテスト場面での行動，PDI での検査者とのやりとりが Cl の行動特徴の情報として収集されます。

　では事例検討会に戻って，描画テストの紹介とその後のディスカッションのところから見ていきます。

1.　率直な感想からスタートする

講師：ではいよいよ，バウムテストを見ていきましょう。実施時の様子を含めて発表者から紹介してくれますか？

発表者：CES-D を実施したあとに，今日はもう一つ絵を描くテストを予定していると伝えると少し驚いた様子で，「絵ですか。子どもの頃は描きましたが，大人になってから描くことはないです」と話していました。検査者は「大人になると絵を描くことは少なくなりますよね。

97

第Ⅱ部　事例検討会編

絵を描くことが心理テストになるなんて不思議かもしれませんが，よく使われるテストです。上手下手は関係ありませんから心配しないでください。でも，できるだけ丁寧に描いてほしいと思っています」と伝えました。

　バウムテストは「実のなる木を1本描いてください」と教示しました。Cl は少し首を傾げて考えているように見えました。どこから描こうかというふうに，鉛筆を持った手がさまよっていましたが，枝から描き始め，左側から右側へと7本描きました。そこでまた手が止まり，「地面を描いてもいいですか？」と質問されました。自由にどうぞと答えると用紙の下のほうに横向きの線を1本描きました。左端の枝から幹を伸ばして横向きの線に降ろしてつなぎ，右側も同様につなぎました。そして用紙の下方を何度もなぞりました。用紙の上部も鉛筆を寝かせるように塗ってから樹冠を描いて，樹冠の周りも黒く塗りました（**図14**）。

　Cl から「実のなる木でしたよね？」と質問があったので，「そうです。実のなる木です」と教示を繰り返しました。Cl は頷いて，少し困ったような表情をして用紙を見ていました。何度か枝のあたりをなぞっていましたが，「絵は苦手だからこれで」と笑って鉛筆を置きました。

講師：ではみなさん，絵を見てどうでしょうか。何でも自由にどうぞ。絵をみて，「おお〜」とか「うわ〜」とか，心を動かすことから始めましょう。

A：いつも「絵を見てどうですか」と言われて，困るんですよね。何を言えばいいのかわからないのが正直なところです。心を動かす，何かは感じているような気がしますが，それをパッと言葉にすることは苦手というか。

講師：A さんの発言も率直な感想です。何を言えばいいかわからないという感じですね。まずは先輩方の全体的評価をモデルにしてもいい

第 2 章　描画テストの実施

図 14　CI のバウム

し，全体的評価の第一声は，しっかりした言葉である必要もありません。だから「おお〜」でもいいわけです。「おお〜」は心が動いている証拠です。「言わなくちゃ」と構えると難しいので，「つい口から出てしまった」みたいな感じで構いません。頭の中だけでなく，アウトプットすることが大事なので，練習だと思って挑戦してみましょう。

A：なんか黒いなあというか，上の黒いものが気になりました。黒いから夜なのかなとか，コウモリとか飛んでそうだなと思いました。不気味な絵だなと思いました。

第Ⅱ部　事例検討会編

講師：なんか黒いなあ，その調子です。不気味な感じがしたようですが，
　　もう少しどのような感じがするのか言葉にできますか？

A：そう言われても……。これ以上は言えないというか。

B：わかります。なんとなく，ですよね。Aさんとは少し違うのですが，
　　上の黒いものは雨雲で，黒くどんよりした雨雲の下に立っている木み
　　たいに見えて，何か不気味な感じがしたのは同じです。

講師：夜と雨雲，二人の感想は違うように聞こえるかもしれませんが，
　　言葉の使い方が違うだけで，感じていることは共通しているかもしれ
　　ません。言葉そのものにはこだわらずに，自分が感じたことをまずは
　　浮かぶまま言ってみましょう。

B：不気味さの理由をあえて説明するなら，絵の上部が黒いことに加え
　　て，尖った枝も影響しているように思います。線は勢いがあって，幹
　　の上下の動きには勢いがあるのに，樹冠は上から何かがのしかかって
　　いるみたいで重苦しい。地面の線も何度もなぞっていて気になります。

A：私も勢いというか，ザッザッと描いたのかなと想像しました。何度
　　もなぞっているあたり，力強い感じもしました。うまく言葉にできな
　　いですが，近寄りがたい感じがします。

講師：「近寄りがたい」という言葉が出てきました。Bさんのように徐々
　　に指標の特徴から感想の根拠を挙げる段階に進みますが，最初は率直
　　な感想を大切にしましょう。綺麗にまとめようとすると言葉が優先さ
　　れてしまいます。今はまだうまく言葉にまとめる必要はありません。
　　むしろまとめすぎない方がいいくらいに思ってください。

発表者：実際に，描くまでは少し迷っているみたいでしたが，描き始め
　　たら勢いがありました。みなさんの話を聞いて，勢いはその場で見て
　　いなくても伝わるんだと思いました。

講師：検査者の記録はClの心の動きを実況中継しているような雰囲気
　　がありますね。心の中で『教示をしてから，描くまでに少し迷ってい

100

るみたいです。何を迷っていたのでしょうか。しかし，描き始めると俄然勢いが出てきました』とつぶやく感じです。全体的評価だけではなく，テストを実施しているときにも心を動かしてくださいね。ここで感じたこと，疑問に思ったことが後の PDI にもつながります。「描き始めるまで少し迷っておられましたね」と声をかけてもいいし，「描き始めると早かったですね」と付け加えたら，Cl は何と答えたでしょう。そのあたりも解釈につながっていく可能性があります。

発表者：描画順を記録しなくてはという意識でメモをしていたのですが，Cl の心の動きとして観察しようと思います。みなさんの全体的評価を聞いていて私も近寄りがたい雰囲気があるなと思いました。この枝とは手をつなげない気がします。でも，Cl と話した感じはそうでもなかったので，少し不思議な感じがします。

講師：その場にいなくても，描線にはその痕跡が残るのであとから見ても伝わってきます。みなさんがなんとなく話してくれた感想が，全体的評価といわれるものです。並べてみると，〈不気味な感じ〉〈勢いがある〉〈重苦しい〉〈力強い〉〈近寄りがたい〉といったあたりでしょうか。その根拠として〈黒い〉〈横向きの線の強調〉〈尖った枝〉がありそうです。この木と仲良くなれそうかという視点は，レボウィッツ（1999/2002）や片桐（2010）が提唱する絵を見る人が絵と関わりながら理解を深める方法です。この枝とは手をつなげないかもしれない，つまり描き手と手をつなげないかもしれないと考えてみるわけです。発表者の受けた「Cl と話した感じはそうでもなかった」という感覚もとても大事です。そのギャップを考えていくことが立体的な解釈につながります。

Ｂ：私は枝から描いたことに驚きました。枝から描く人は珍しい。私は樹木画の研究で 30 人の描いた絵の描画順を記録したことがありますが，幹から描く人が圧倒的に多くて 9 割，枝から描いた人はいません

第Ⅱ部　事例検討会編

でした。Cl は枝が気になったのでしょうか。

講師：枝が気になるということに Cl の何が表れているのか考えてみましょう。

A：今回は「実のなる木」の教示なので，実を描くことにあまり大きな意味はないと聞いたことがあります。Cl は「実のなる木でしたよね？」と確認しているので，ちゃんと教示は聞いていたはずで，それでも実を描きませんでした。この点も気になりました。

発表者：私もわざわざ確認していたので，実を描くのだろうと思っていました。だから『あれ？』という感じでした。笑顔で逃げられてしまった感じです。

B：「実を描かなくちゃ」という意識はあった，でも描けないので「絵は苦手だから」とごまかした。たしかに，この枝に実をつけるのは難しい。実が描けるように枝を修正する人もいますが，Cl はしなかった。苦手なことを無理にしない人なのかなと思いました。

A：Cl は「地面を描いてもいいですか？」とか「実のなる木でしたよね？」と質問しています。黙って地面を描くこともできるのに質問してくれる。「実のなる木でしたよね？」のほうは結局実を描かずにごまかしましたが，一応確認して，検査者に気を遣う面もあります。

講師：その通りです。絵を解釈する前に，実施する場面でのやりとりから，Cl の対人関係のありようが理解できます。A さんが「質問してくる」ではなくて，「質問してくれる」と言ってくれましたが，こちらのことを気にかけてくれるような雰囲気があったのでしょうか？

発表者：さっきも言った通り『逃げられちゃったな』とは思ったのですが，笑顔を見せるあたりは気を遣うというか社交的な雰囲気でした。こちらも笑顔になって『仕方ないな』みたいな感じでした。

第 2 章　描画テストの実施

検討会のポイント③　テスト場面で観察された行動に注目する

　ここでは全体的評価やそれにつながる形式分析・内容分析，Cl
の質問などが話題になっています。「絵を見てどうでしょうか」と
オープンクエッションで検討会が始まりましたが，A さんのように，
最初は難しいと思うかもしれません。「何も感じない」と思うこと
も感想の一つですから，みなさんも検討会に出席することがあった
ら，萎縮しないで積極的に発言することをお勧めします。心理面接
の検討会では文字の資料が提示されますが，描画の検討会では絵を
自分で言語化する必要があるので難しいのは当然です。また，言葉
になるまでに時間がかかるかもしれません。最初は他の人の感想を
聞きながらそれに沿ってチャレンジすればよいと思います。少し慣
れれば，自分の言葉で感想が述べられるようになりますから，練習
あるのみです。

　この事例で，参加者は「上の黒いもの」が気になったようで「夜」
や「雨雲」のようだと表現していました。初学者の場合，他の人と
感想が異なると，それが「夜」と「雨雲」であっても自分は間違っ
ていたと思うことがあります。「夜」や「雨雲」はどちらが正しい
わけではなく，言葉は違っても「上の黒いもの」に暗さを感じてい
るという点で共通しています。大切なことは，拙速に「夜」や「雨
雲」の象徴的な意味に結びつけないことです。

　ディスカッションでは〈不気味な感じ〉〈勢いがある〉〈重苦しい〉
〈力強い〉〈近寄りがたい〉という全体的評価，それは〈絵の上部の
黒さ〉や〈尖った枝〉の影響ではないかと分析が進んでいきます。
講義編でも述べたように，絵の全体的評価は個々の要素としてすべ
て説明できるとは限りません。そもそも Cl は言語化できないもの
を表現しているので，検査者が言語化しすぎると，絵とは異なるも

103

のになる危険性を孕んでいます。すべてを説明しつくさなくても大丈夫です。

　検討会ではClが他の人の描画順とは違って〈枝から描いた〉ことに注目していますが，これは**個人間比較**による特徴のピックアップ作業です。ちなみに中学生のバウムテストでは半数が枝を描き，半数が描かないというデータが報告されています（滝浦，2017）。正確な20歳代の出現頻度はわかりませんが，中学生までに絵の発達がほぼ完了するとすれば，20歳代でも極端に出現頻度が変わるとは考えにくいでしょう。そして半数の人が描く枝がこのClの絵にも描かれたということだけでは特徴にはなりません。しかし，描画順の視点からは，〈枝から描いた〉人は2％であったという報告（佐渡他，2012）があるので，多くの人が幹から描くのに，なぜこの人は枝から描いたのだろうと考えてみる価値があります。このように個人間比較によってClの特徴を見つけていきます。勢いよく腕を動かす様子は現場にいる人しか見ることができませんが，その勢いの痕跡は絵に残ります。一方で描画順は痕跡にも残らず，絵を見ているだけではわからないので，記録に残しておくことで初めて比較が可能になります。

　さらに，Clが検査者に質問したことや，確認したにもかかわらず実を描かなかったことが注目されています。教示は検査者から被検者への依頼ですから，それにどう応えるのかにはその人らしさ，課題への向き合い方が表れます。逃げられた，ごまかされたという私たちの感覚も大切にしたいポイントです。

2. PDIにおいて何を質問するのか，しないのか

講師：描画後の質問（以下，PDI）に移りましょう。PDIの練習も兼ねて，

◉ 好評既刊書

愛着トラウマケアガイド
共感と承認を超えて
岩壁 茂=監修／工藤由佳=著
3520円

ASDとカモフラージュ
CAT-Qからわかること
H・L・ベルチャー=著／藤川洋子　三好智子=訳
3520円

ケアする対話
この世界を自由にするポリフォニック・ダイアローグ
横道 誠　斎藤 環　小川公代　頭木弘樹　村上靖彦=著
2750円

成田善弘 心理療法を語る
「まっすぐに」患者と向きあう
成田善弘=著
3080円

精神療法 Vol.50 No.4
特集 発達障害（神経発達症）
臨床の現在
2420円

戸ヶ﨑泰子・齊藤万比古・岩垂喜貴・青木省三・細金奈奈・崔炯仁・稲田尚子・加藤隆弘・井上雅彦・岡田俊・野坂祐子・鈴木太・館農勝・清水康夫・牛島洋景・川谷大治・大江美佐里・大嶋正浩・山中康裕・神田橋條治・本田秀夫　ほか

臨床心理学 Vol.24 No.4
特集 愛と親密性
1760円

岩壁茂・東畑開人・鈴木菜実子・笹倉尚子・関根麻里恵・新ヶ江章友・石田光規・谷本奈穂・北村婦美・大嶋栄子・中野葉子・髙橋哲・西岡真由美・村澤和多里・関正樹・笹倉尚子・佐々木健太・髙橋佳代　ほか

注文のご案内

直接ご注文の場合、クレジットカード決済による前払い、または代金引換にて発送致します。クレジット決済の場合、書籍は送料600円、雑誌のみの場合は送料400円。税込1万円以上のご注文で送料無料となります。代金引換の場合、冊数に関わらず書籍は送料1000円、雑誌のみの場合は送料800円。税込1万円以上のご注文で送料500円となります。

Ψ**金剛出版**　〒112-0005 東京都文京区水道1-5-16
電話 03-3815-6661　FAX 03-3818-6848　https://www.kongoshuppan.co.jp/

No.015

書籍案内

保健・医療・福祉・教育等の全領域に対応

発達障害支援者のための標準テキスト

幼児期から成人の
アセスメントと支援のポイント

辻井正次=監修　　髙柳伸哉=責任編集

西牧謙吾　笹森洋樹　岡田俊　日詰正文=編

発達段階で起こりうる課題などに対する必要な知識、
そして具体的な支援技法について学ぶことができる
支援者向けテキスト。

発達障害　A5判／並製／3850円

価格は10％税込です。

Ψ 金剛出版

みなさんが検査者だったら Cl にどのような質問をするか考えてみてください。

A：「空が黒いですが，夜ですか？」と質問して確認したいです。

B：私がそう聞かれたら，夜を描いたつもりがなくても，なんとなく「夜です」と答えてしまいそうです。

講師：そう聞かれると私も「夜かもしれませんね」と言ってしまいそうです。ちょっと誘導的かもしれませんね。もう少しニュートラルに「この木について説明してもらえますか？」から始めましょうか。自由に話してもらうことを意識します。Cl がどのように何から説明してくれるのか，その話しぶりにもその人が表れます。もしかしたら「木の枝がどうなっていたか，思い出せなくて悩んでしまって」と話してくれるかもしれません。逆に，上部の黒い領域については全く話さないかもしれません。まずは Cl に自由に話してもらうためにはどのような質問がよいかを考えてみてください。

　そして Cl の説明を聞きながら，検査者が『何だろう』『どうしたのだろう』と疑問に思ったことを質問します。その場で疑問が浮かぶかどうかが勝負です。そのためには，さきほどの実況中継も役に立ちます。テストが終わってからでは Cl に確認できません。検討会で絵をみて発言するのも PDI の練習になりますから，がんばりましょう。しかし，疑問があったとしても，A さんの疑問のように聞くかどうかはまた別の問題です。実際には何を質問したのか教えてもらえますか？

発表者：まずは何の木を描いたのか尋ねました。すると Cl は「何の木かですか？　固有名詞ですか？」と質問されたので，必ずしも固有名詞でなくてよいと伝えました。すると Cl は「とても大きな木です」と答えました。そこでどれくらいの大きさですかと質問すると，少し悩んで「……小さいお寺の楼門くらいの大きさです」とのことでした。

第Ⅱ部　事例検討会編

　この木は何年ぐらい経っている木でしょうかと聞くと，「50 年？
100 年くらい？」とはっきりしない感じで，生えている場所は「人里
離れた，この木だけがあるようなところです。……この木何の木とい
う CM がありますよね。あんな感じの青空の草原に生えている木です」
と答えました。「みんなが散歩に来るようなところで，お花がたくさ
ん咲いていて」と花を描き足そうとされたので止めました。さらに話
は続いて，「描けなかったのですが，（枝のあたりを指しながら）この
あたりには小鳥がいて，散歩に来た人が木陰でひとやすみ，お茶でも
飲もうかみたいな雰囲気で，小鳥が近づいてきて足元あたりに止まっ
たりするような感じです」と楽しそうに話しました。

講師：みなさん，PDI が加わってどうでしょうか。感想や疑問があれば
　どうぞ。

Ａ：「50 年？　100 年くらい？」の木らしいですが，これはどう解釈す
　ればいいのですか？　50 年と 100 年ではかなり違うと思うのですが。

発表者：正直に言うと，よくわかりません。ポピュラーな質問なので聞
　いてみたというか。

講師：率直な答えをありがとう。この具体的な数字をどのように解釈し
　たらいいのか，考えてみましょう。みなさんもバウムテストの被検者
　を経験していると思いますが，「この木は何年ぐらい経っている木で
　しょうか」と質問されましたか？　そのときの答えや理由を覚えてい
　ますか？

Ａ：なんとなく，これくらい？　みたいな感じで答えたような気がしま
　す。

講師：自分がこうだからと安易に決めつけてはいけませんが，どのよう
　な意味なのだろう？　と考えるときに，もし自分だったらと考えてみ
　ることが手掛かりになります。具体的な木のイメージがない場合は，
　Ａ さんのような人が多いかもしれませんね。なんとなく，の根拠は

106

あまり意識できない。だからこそ意味がある場合もありますが，Cl
は先に「とても大きな木」だと言っていますから，それを補足するよ
うな意味で「50年？ 100年くらい？」と答えた可能性もあります。
だとすると，50，100という数字にそれほど意味はないでしょう。

A：聞いても意味がなかったということですか？ PDIのマニュアルは
ないのでしょうか。いつも，質問がでてこなくて間がもちません。

講師：聞いても使いこなせないものもあるとは思います。何を質問すれ
ばいいのかと聞かれると，残念ながらClの絵に合わせて質問が決ま
るので定型はないというのが答えです。参考となる質問はいろいろな
テキストにありますが，知能検査のようなマニュアルはありません。
間を持たせるという考えは必要ないと思いますよ。Clの木を理解す
るために必要な質問をするし，必要がなければ質問しないということ
です。何が必要なのかがわからないと質問できないということです。

A：何が必要なのか，ですか。Clのイメージは「とても大きな木」だと
いうことはわかりました。楼門をネットで画像検索をしたところ，お
寺にある二階建ての門でした。画像ではかなり大きいみたいですが，
「小さいお寺の楼門」だから，そんなに大きくないのでしょうか。ど
れくらいの大きさなのか数字で答えてもらったほうがはっきりしませ
んか？

発表者：私も『小さいお寺の楼門は何メートルくらいだろう？』と思っ
たのですが，確認はしませんでした。これ以上聞いてもClは答えら
れないだろうと思ったからです。Clは私の質問に一生懸命考えて，
答えていました。イメージとして描いた木の大きさを具体的な数字で
説明するのは難しいと思います。もし自分が質問されたら答えられる
自信がなかったので聞きませんでした。

講師：Clのイメージをできるだけ共有したいと思っているわけですか
ら，数字にしてもらうと齟齬なく伝わります。ただ，今回は「小さい

第Ⅱ部　事例検討会編

お寺の楼門」ですから，それ以上は難しかったかもしれないし，聞い
てみたら答えてくれたかもしれません。この質問は答えられるだろう
か？　と自分で振り返ってみることで，質問の曖昧さに気づきます。
誘導してはいけないと思うあまり，何を答えていいのかわからない曖
昧な質問になることがあります。そういう質問は被検者を困惑させる
ので注意しましょう。ところで，Cl の「小さいお寺の楼門」という
回答はとても面白い表現です。

B：「楼門」を比較に持ってくるあたり，ちょっと個性的でもありますが，
もしかして趣味でお寺巡りをしているかもしれません。

講師：お寺好きの可能性はあるかもしれませんね。その人にとって身近
なものほど連想しやすい。そのことに気がつけば，テストが終わった
あとで雑談のように聞いてみてもいいと思いますし，フィードバック
の時に聞きながら，話を具体的にしていくといいと思います。「小さい
お寺の楼門」という表現は Cl 像を理解する鍵になるかもしれません。

A：どういうことですか？

講師：テスト場面でのやりとりは日常生活でも同じように起きるかもし
れないと考えてみてはどうでしょうか。みなさんが感じたことは Cl
の周囲の人が感じていることかもしれません。

検討会のポイント④　PDI は被検者が説明できることを質問する

　描画テストでは，被検者自身がその木をどのような木だと感じて
いるのか，考えているのかを知るために PDI を実施します（高橋・
高橋，2010a）。ここでは A さんの直接的な質問についての是非，
また意味のある質問とは何かが話題になっています。直接的な質問
は誘導になる可能性があるので，最初はできるだけ自由に説明して
もらいます。そのあとで足りない部分を補っていくようなつもり

108

で質問します。また,「どのような質問に意味があるのか」については事例によって異なるとしか言えないのが現実です。例えば,Clは「地面を描いてもいいですか？」と聞いて横向きの線を描きました。検査者は『地面の線だろう』と推測できるので,「これは何ですか？」とは聞きません。思い込みで決めつけてはいけませんが,すべてを確認すると Cl の不安を高めます。枝から描き始めた Cl を見て『これは珍しい,どうしてだろう？』と思いますが,「どうして枝から描いたのですか？」とは聞きません。Cl は特に意識しないで枝から描いた,何度も線をなぞりたくなったのであって,意図しない表現の意味を考えるのは検査者の仕事です。A さんのように,絵を見て疑問を持つことはとても大事なことです。しかしながら,投映法としての描画テストは意識できることだけが描かれているわけではないため,自分の絵であってもすべてが説明できるとは限りません。また Cl の答えた 50,100 という具体的な数字の意味も字義通りではなく,全体の中で理解する必要があります。

　一般的には「この木について説明してもらえますか？」と Cl がどこから話してもいいような質問から始めます。この質問で困るようであれば,発表者のように何の木を描いたのかを尋ねることを導入にしても良いでしょう。ここでも,何の木かを確認するというよりも Cl のイメージを理解するつもりで,「例えば,何の木,みたいなことはありますか？」と言葉を添えるほうが,Cl は曖昧なイメージをそのまま説明できるかもしれません。自発的に説明してもらったあとで,上の黒い部分について Cl が触れなければ「ここは,黒く塗られていますね？」と絵の状況を伝え返すような感じで声を掛けます。それに対して Cl がどう答えるかによって,そのあとの質問が決まります。

　もし何も疑問がなかったら,「この木を描いた感想を教えてもら

第Ⅱ部　事例検討会編

えますか？」などと質問して終わります。PDIをしなくてはいけないのではなく，Clの説明を聞いてみたいから，何か疑問があるから質問をしているはずです。心理面接で「そのことについてもう少し話してほしい」とClの言葉を繰り返すのと同じように，PDIでも教えてほしいことをなぞるように伝え返せば，もう少し話してくれるかもしれないし，話してくれないかもしれません。話してくれなかったとすれば，それが今回の描画テストの結果です。

　さらにPDIは言語的なやり取りですから，そこからClの特徴が見えてきます。Clは木の大きさを質問されて，「小さいお寺の楼門くらいの大きさです」と答えました。これがお寺巡り仲間なら「ああ，あれくらいね」と共有できるのかもしれませんが，検査者には伝わりませんでした。ここからClの表現は他の人にうまく伝わらない場合があると推測できます。「地面を描いてもいいですか？」と質問するなど，検査者の意向に配慮しようとする一方で，このたとえで伝わるのかということに無頓着なClの姿が見えてきます。さらに，検査者とのやりとりのようなことが日常生活でも起きている可能性があります。このような少しちぐはぐなやりとりを彼女らしさとして受け取ってくれる人であれば問題は起きませんが，そうでなければちょっと変な人に思われてしまうかもしれません。そういった人間関係の行き違いが「気分が落ち込む」要因の一つになっているのではないかと考えてみます。

3.　絵とPDIの関係性

講師：もう少しPDIについて話をしてみましょう。後半はClが自発的に話しているようですが，そのあたりはどうでしょうか。

A：PDIを聞いて，この空は青空だったのかと衝撃でした。それに，花

が咲いていて，小鳥が住んでいるとは想像できませんでした。

講師：Aさんは自分の全体的評価が間違っていたと思いますか？　PDI
を聞いたら夜のイメージは払拭されて，青空に見えましたか？

A：私は今でも夜のような，不気味な感じがします。でも，Clが青空だ
と説明したわけですから，青空が正解ですよね？

発表者：言い訳がましいですが，これまでPDIを聞かずに絵を見る体
験をしたことがありません。だから，テスト中はClの「青空の草原
に生えている木」という説明をそのまま『そうなんだ』と思っていま
した。実はみなさんが「不気味だ」とか「夜だ」とか発言されて，最
初は戸惑っていました。でも，じっと見ているとたしかにそうかもし
れないと思い始めて，その場の判断だけでなく，時間をかけて見るこ
とも大切だなと思いながら聞いていました。

講師：描画テストの場面では，描画からPDIまでが一連の流れで進ん
でいきますから，今回のようなやり方は検討会ならではです。PDIを
すると，Aさんや発表者のように『そうなんだ』と思ってしまうので，
PDIをしない立場もあります。

A：PDIの説明を信用してはいけないということですか？　Clの説明を
聞くと，本人が言っているのだから信じてしまいます。全体的評価と
PDIの説明が食い違ったら，どうしたらいいのですか？　『暗いのか，
明るいのかはっきりしてほしい』というのが正直な気持ちです。

講師：〈暗くて明るい〉という矛盾を許容する，これが描画テストの醍
醐味です。検査者の全体的評価とPDIに対するClの説明のどちらが
正解かを決める必要はありません。検査者はこのように受け止めた，
Clはこう説明した，それが一致しなかったということです。だから，
Aさんが「不気味な感じがした」ことを撤回する必要はありません。
むしろ，そのギャップがClを立体的に解釈する手掛かりになります。
Clは「この木何の木というCMがありますよね。あんな感じの青空

第Ⅱ部　事例検討会編

の草原に生えている木です」と説明してくれました。このあたりはどうでしょうか。

A：たしかにCMの「この木何の木」は青空を背景にして広々したところに生えています。でも，この絵は青空で小鳥がいるような穏やかなイメージには見えないというか，どうしても不気味な感じがします。これはどういうことですか？　どうしたらいいのでしょうか。

講師：繰り返しになりますが，Clが話してくれた説明と，私たちが受け取った印象が異なっているということです。ここでClの心の中で何が起きているのか，つまりClの描画プロセスを振り返ってみましょう。教示の前に，「絵を描くテストをします」と伝えていますね。それを聞いてAさんならどう思いますか？

A：『絵を描くんだ』と思います。

講師：そうです。絵を描いてくれと言われただけで，「何の木ですか」と質問されるなんて，ましてや樹齢やどこに生えているかを質問されるとは思わないでしょう？

A：たしかに，自分が最初にバウムテストを体験したときも，『そんなことを聞かれても』と思った覚えがあります。すると，「みんなが散歩に来るようなところで，お花がたくさん咲いていて」と楽しそうだったというのも，絵を描いていたときに思っていたわけではなくて，あとから作ったということですか？　つまり，絵の解釈とは関係ないのですか？

講師：関係ないというと語弊がありますが，絵の解釈とは別次元で考える必要があります。PDIは，まさに描画後になされている言葉のやりとりであることを忘れてはいけません。

B：絵を描いているときに，「この木何の木」をイメージしていたとは限らないということですか。いろいろ聞かれているうちに「この木何の木」が出てきたという文脈を意識する必要があるということですね。

112

第2章　描画テストの実施

講師：最初から「この木何の木を描こう」と意図的に描いたのであれば，別の解釈が必要です。このあたりも，PDI でのやりとりを参考にして考えているわけです。Cl の言葉も大事にしますが，あくまでも描かれた絵を解釈するのであって，絵より言葉を重視してはいけません。描画テストは絵に少し言葉の情報を加えて Cl 像を理解するテストです。

検討会のポイント⑤　絵と言葉のバランス

　検討会では，全体的評価と PDI の説明が食い違っていることが話題になっています。初学者の場合，PDI を重視して字義通りにそのまま受け取る傾向があるようです。今回も Cl が説明しているからという理由で，全体的評価の「不気味な感じ」よりも PDI で語られた「青空の草原」「楽しい感じ」を起点とした解釈が始まりそうでした。こういった解釈を避けるために，PDI を実施しない立場もあります。しかし，全体的評価は Cl の無意識的な側面を含めた言葉にならない表現を受け取ったものであること，PDI の説明は Cl の意識的な説明であること，つまり両者の意識水準は異なっていると理解していれば，矛盾はありません。全体的評価と PDI の関係は投映法と質問紙法のテストバッテリーのようなものであって，ここでの不一致に注目することで立体的な Cl 像が浮かびあがります。

　検討会でも触れていますが，Cl はおそらく最初から「この木何の木」を描いていたわけではないと推測されます。もし最初から考えていたのなら，PDI で「何の木を描いたのか」と尋ねられた段階で「この木何の木」と答えたのではないでしょうか。Cl はこの木に対して「とても大きな木」というイメージはあったようですが，樹齢やどこに生えているかを質問されるとは思っていなかったので

113

第Ⅱ部　事例検討会編

しょう。そこで木が大きく育つために必要な時間はどれくらいだろうと考えて，「50年？　100年くらい？」と答えたのかもしれません。さらに『大きい木が生えているのはどこだろう』と頭の中で検索したのかもしれません。Cl は「固有名詞ですか」と質問しているところから，固有名詞で答えたほうがいいのかと考えていた節があります。そこで少し無理があるけれども「この木何の木」という固有名詞を持ってきた可能性も考えられます。そして，自分の絵の木ではなく，「青空の草原に生えている」と CM の「この木何の木」の説明がなされたのではないかと推測できます。これが追体験による理解です。A さんも描画と描画後の質問という描画テストの流れを意識すれば，どのように考えればいいのか整理できると思います。習作を重ねた芸術家の絵が描画テストとして解釈できないように，「この木を描こう」と思って描いた絵は，それを前提に解釈する必要があります。

　Cl は楽しそうに散歩や小鳥の話をしているところから，意識的にはこういった明るいイメージに惹かれているのかもしれませんが，絵の伝えているイメージとは異なります。絵の〈重苦しい〉鬱屈したような感じと，のんびりした散歩の感じのギャップを解釈することが Cl の理解につながります。繰り返しになりますが，無意識的なものが含まれる絵（非言語的な情報）を意識的な側面の強い PDI（言語的な情報）で説明するのではなく，両者のギャップを解釈するということです。今回の Cl の PDI は，描いた絵の説明や描いた絵からの連想ではなく，PDI からの連想が語られた例ではないかと思います。

　PDI がないと解釈が難しいと思う人は，PDI に頼り過ぎた解釈をしているのかもしれません。そういう場合は絵だけを見て分析する練習をしてみましょう。最初は読み取れるものが少なかったとして

も，たくさんの絵に触れることで微妙な違いに気づけるようになるはずです。例えば，同じように見える洋服でも，多くの洋服を知っている人はわずかなシルエットの違いに気がつきます。また，音楽が好きな人は楽器の個性を聞き分けることができます。絵も同じです。さまざまな絵を見ることで，ちょっとした違いに気がつけるようになります。

　最後に，PDIの途中で絵を描き足そうとしたClを検査者が止めたことについて，触れておきたいと思います。絵を描き終わった段階で鉛筆をそっと片づけるなど，終了後にClが描き足さないように工夫します。しかし，絵を描き足してしまうことがあるかもしれません。その場合は「描き足してどうですか？　しっくりきますか？」などと質問してみても良いと思います。解釈の段階では画像編集ソフトなどを使って描き足されたものを消し，描き足す前と後を比較してみるのも良いかもしれません。そしてClがなぜ描き足そうとしたのかを考えてみてください。

　またPDIによりClの中でイメージが膨らんでいくこともあります。治療的アセスメントでは，バウムテストに物語をつける介入が行われた事例も報告されています（宮崎・森谷，2017）。あるいは，芸術療法であれば，面接者とClのシェアリングが刺激となって作品が変化したとしても，そのことに意味があると考えます。しかし，情報収集的アセスメントとしての描画テストは，侵襲性や解釈の観点からも最初のイメージにとどめておくほうが安全です。今回のようにポジティブなイメージの場合には危険性は少ないと思いますが，ネガティブなイメージの場合には，それに直面することがClの不安を高める可能性があるからです。

第Ⅱ部　事例検討会編

覚書

・描画行動の観察記録は重要な情報源です。忘れないうちに，しっかり記録をつけましょう。

・PDI はわからないことを聞くものと心得ましょう。Cl とのやりとりは，日常生活のやりとりが反映されていると仮定して考えてみましょう。

・PDI はその名の通り，描画のあとに行われた質問であるという前提で考えましょう。

・描画の解釈はあくまでも絵そのものの特徴を大事にしましょう。その上で，絵という非言語的・無意識的情報と PDI の言語的・意識的情報を組み合わせて立体的な Cl 像の理解を目指しましょう。

第 3 章

描画の解釈

　描画テストの絵の解釈は，全体的評価，形式分析，内容分析を中心に行われます。第 2 章では全体的評価やテスト場面の行動の観察，PDI の扱いについて取り上げました。第 3 章では全体的評価を支える形式分析や内容分析を中心に取り上げます。まず，形式分析や内容分析のために行われるディスクリプションと模写の方法を比較しながら説明します。次に，解釈がピックアップされた特徴の羅列にならないように，解釈仮説のコアイメージを意識しながらまとめます。それでは検討会に戻って，続きを見ていきましょう。

1. 絵の細部に目を配る

講師：ここからは絵の形式分析や内容分析のディスカッションに入りましょう。これまでに全体的評価では〈不気味な感じ〉〈勢いがある〉〈重苦しい〉〈力強い〉〈近寄りがたい〉〈黒い〉〈横向きの線の強調〉〈尖った枝〉といった意見が挙げられました。今度は絵を詳細に見ていきましょう。気がついたことを教えてください。

A：まだ特徴があるということですか？　やり方がわかりません。

講師：では**ディスクリプション**を使ってみましょう。ディスクリプションとは絵のすべての要素を言葉に置き換える美術鑑賞の方法です。言葉にすることで絵がはっきりと認識できるといわれています。A さん，この絵を言葉で説明してくれますか。

117

第Ⅱ部　事例検討会編

Ａ：木は中央に描かれていて，サイズは普通くらい。尖った枝とふわふわした樹冠，根はありませんが地面の線が描かれています。上も黒く塗られています。

講師：いいですね。では，それを付箋に書き留めてください。「中央に描かれている」「尖った枝」「ふわふわした樹冠」のように，付箋1枚に特徴を一つずつ書いてください。

Ｂ：私もやってみます。紙面の下から3分の1より少し上あたりに地面の線があり，木の根元のあたりがなぞられて，その下の部分も塗られています。幹は3センチくらいの幅で白いままです。その上に7本の枝がありますが，一番左の枝が最も鋭く描かれていて，最も長く描かれているのは左から3番目です。一番右の2本は分枝のあたりに隙間があります。曲線で描かれた樹冠は，1本の線ではなく短い線や長い線が入り混じっていて，つながっていない箇所があります。樹冠の上は根元のあたりと同じように塗られています。

Ａ：たしかにそうです。私は気になったところを挙げただけでした。ディスクリプションはもっと目を皿のようにして細かなところまで見ろということですね。枝があるかないかではなくて枝の数を数える，枝もすべて同じではなくて少しずつ違っているからそれを言葉にする。コツがわかったので今度はもう少し細かく描写できそうな気がします。でも，ここまで細かく見る必要があるのですか？

講師：気になるところだけではなく，すべてに目を配ることが大切です。気になるところは人によって異なるかもしれないので，そういった偏りを防ぐ効果もあります。まずは絵を分解するようなイメージで，くまなく細かく見てください。まずはClの特徴を見落とさないようにつぶさに見て，その中から解釈に採用できそうな特徴を選びます。採用の方法はまたあとでお話しましょう。他にも**模写**の方法がありますから，やってみましょう。発表者から紹介された描画順の通りに，「鉛

筆を持った手がさまよっていた」のも真似しながら，どのような感じ
がするかに注意を向けてください。

A：どこから描こうかなと手がさまよって，枝を描いて，地面を描きま
した。完成した絵を見ているときには気になりませんでしたが，枝の
次に地面を描くと，真ん中が空いて変な感じです。

B：たしかに変な感じですね。完成した絵を見ただけでは，この違和感
はわかりません。他にも地面や上の黒いところは鉛筆を寝かせて早い
スピードで描いたのでしょう。そうでないとこの線にはならない。私
なら樹冠を描いてから上を塗ると思いますが，Cl は上を塗って，樹
冠を描いて，樹冠の周りをまた黒くしました。これも違和感がありま
す。最初に塗った部分では足りなかったから描き足したのか，樹冠の
周り全部を塗ってはいないので，そのあたりも何か思うところがあっ
たのか。

講師：想像することしかできませんが，Cl の気持ちを追体験しながら
描いてみることが大切です。枝や幹を描く順序が一般的ではないとい
うことは，描きやすい順番を無視してまでそこを先に描いた，あるい
は後回しにしたということですから，その意味を考えてみたいですね。

A：私はディスクリプションより，模写のほうが好きです。ディスクリ
プションは B さんより少なかったですが，模写はかなり似た絵が描
けました。

B：ディスクリプションは木の位置から始めて，下から上へと視線を動か
していくようなつもりで記述しました。模写は Cl の描画順で行ったの
で『なぜ，この順番で？』という疑問が沸きました。A さんが言って
いたように，枝のあとに地面を描くとその間に空白ができてしまって，
ちょっと不安というか，ばらばらになっているような感覚がありました。

講師：Cl に何が起こっていたのだと思いますか？　Cl の『心の声』を
想像しながら，追体験してみてはどうでしょうか。

第Ⅱ部　事例検討会編

Ｂ：「実のなる木を描いてください」と言われて，少し首を傾げて考え
　　ているようでしたから，『木を描くのか……どう描けばいいのか』み
　　たいに悩んだのかもしれません。悩んだといってもそれほどの時間で
　　はありませんでした。他の人は幹から描く人が多いのに，Cl は枝か
　　ら描いたのはなぜでしょうか。『地面を描こう』と思ったけれども，
　　地面は木の一部ではないから「地面を描いてもいいですか」と質問す
　　ることにした。自由に描いていいと言われたので，『じゃあ，地面を
　　描こう』みたいに地面を描いた。あくまでも想像ですが，一つの仮説
　　としては成立すると思います。思いついたらそれが優先される人なの
　　かもしれない。思いつきで行動してしまうとか，最後につじつまは合
　　うけれども，途中が他の人と違う。

講師：Cl の『心の声』は Cl が意識しているとは限りません。しかし，
　　Cl の描画時の様子に合わせて言葉で整理するといろいろな仮説が立
　　てられます。先ほど話した描画テストの実施中に想像して行う実況中
　　継は外側の視点から，『心の声』は Cl になったつもりで内側を想像す
　　る方法で，どちらも追体験を丁寧に行う方法です。

発表者：今回の検討会のために何度も絵を見ていましたが，ディスクリ
　　プションや模写をすることで，まだまだ見落としていた箇所があるな
　　と反省しました。

講師：「絵を味わう」と言われます。みなさんが食べ物を味わうときと
　　同じように，時間をかけて丁寧に絵と関わることで，全体的評価の段
　　階よりもさらに特徴が見えてくるはずです。

検討会のポイント⑥　すべてを拾いつくす

　第 1 章でも全体的評価を中心に，気になるポイントが挙げられて
いました。ここではさらに細かく絵を要素に分解する作業（ディス

第 3 章　描画の解釈

クリプション，模写）が行われています。初学者は熟練者よりもインパクトのある大胆な表現に目を奪われやすく，一種の視野狭窄のような状態に陥る（香月，2013）ことがあります。A さんのディスクリプションも基本的な要素をおさえてはいますが，インパクトのある尖った枝や黒さの印象に注意が向いてしまい，幹の白さ，枝や樹冠の隙間まで言及するには至りませんでした。グループでの検討会のメリットは，他の人の意見を聞くことができることです。A さんも次回は B さんのディスクリプションに近づくでしょう。

　A さんはディスクリプションよりも模写のほうが得意だったようですが，ディスクリプションと模写にはそれぞれ特徴があります。ディスクリプションは絵を“言葉でなぞる”作業ですから，言葉ではっきり認識することができます。しかし，言葉にされない部分が残ってしまう可能性があります。一方で模写は絵を“線でなぞる”作業です。模写は Cl の絵と視覚的に照合できるために，見落としが少なくなります。また，A さんや B さんが「変な感じがする」と述べていたように，描画順の違和感は模写ならではです。最初は時間がかかりますが，模写とディスクリプションを一体化して，線でなぞりながら言語化するのも一案かもしれません。描画の解釈に慣れれば，実際に描かなくても頭の中で描画順の違和感を見つけたり，絵からスピード感を体験できるようになります。シンプルに表現された木を前に「典型的で特徴がない」と困惑する場合にこそ，ディスクリプションや模写を活用してじっくりと絵と向き合いましょう。そうすれば「典型的で特徴のない絵などない」ことに気づくのではないでしょうか。

　A さんが疑問に思っているように，そこまで細かく見る必要があるのかと思われるかもしれません。しかしながら細かく見ること，つまり Cl の絵の要素を取捨選択しないことで，解釈する人の主観

121

第Ⅱ部　事例検討会編

による選択を防止することができます。最初はどうしても目立った
特徴に気を取られてしまうので，自分の気になるところだけでなく，
くまなく見る意識を持つと良いと思います。

　さらに検討会では描画時の観察に合わせて Cl の『心の声』を想
像し，追体験することを推奨しています。Cl の心の動きを想像し
ながら事例概要で立てた仮説を検証していきます。仮説として考え
ていた Cl の問題解決法が眼前で繰り広げられるかもしれませんし，
仮説は棄却され，新たな仮説が必要になるかもしれません。

2.　意味のある特徴を選択する

講師：描画順や PDI 情報も含めて，これまでに出てきた要素をすべて
　　付箋に書き出しましょう（**図 15**）。それを見ながら，あらためてい
　　かがですか。

A：こうして他のみなさんの付箋も一緒に並べると「自分も思った」も
　　のもありますが，「気がつかなかった」ものもあって，自分はまだ
　　まだ情報を拾い切れていないと思いました。自分だけではなくて，他の
　　人の意見を聞くことは大事ですね。

B：拾えばいいというものでもないと思います。私は情報を拾ったもの
　　の，整理しきれずに途方にくれる感じです。

講師：情報を「拾う」イメージがあるかもしれませんが，今は「拾うも
　　の」「拾わないもの」と分けないで，「拾いつくす」くらいに思ってく
　　ださい。すべてが Cl の表現であって，それを確かめていく段階です。
　　解釈や所見としてすべてを書くと煩雑でわかりにくくなるので，次の
　　段階で，ここにある付箋をまとめたり取捨選択していきます。

発表者：付箋を見ると人によって少しずつ違っています。付箋に書いて
　　貼ってという作業をすると，自分の受け取ったものが明確に言葉にさ

122

第3章　描画の解釈

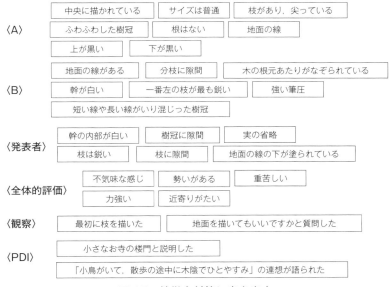

図15　特徴を付箋に書き出す

れていく感じがしました。描画順や全体的評価なども含めるとかなりの量になりましたが，絵の全体的な印象も含めてまんべんなく目を向けることができました。

講師：みなさんが〈枝先の鋭さ〉をポイントとして挙げてくれました。目につきやすい特徴なので，ここはまず注目しておきたいポイントです。そのうえでこれは解釈に採用される特徴なのか，つまり他の人と区別できる特徴なのかを考えてみましょう。

B：枝は先細りになるのが自然の形です。ボーランダー（Bolander, 1977/1999）は先の尖った枝の末端の形はよく出現するけれども，枝の末端が槍を暗示しているほど著しく尖っている場合はエネルギーを敵意のある仕方で解消する傾向を意味すると述べています。今回の絵

第Ⅱ部　事例検討会編

も槍みたいな著しく尖った枝に該当すると言ってよいのではないで
しょうか。

講師：枝があってもなくても，それだけでは特徴になりません。すべ
て二線枝ですが，これも学生では60％程度は出現するので（滝浦，
2017）特徴にはなりません。今回の特徴は，枝があることではなく，
描かれ方です。〈鋭い枝〉はClの特徴として選択します。

A：私がバウムテストの被検者体験をしたときは，枝を描きませんでし
た。だから，多くの人が枝を描かないのだと思っていました。

講師：出現率は自分を基準にするのではなく，一般的な出現率を確認
する習慣をつけましょう。Clの絵は根がなくて，地面の線が描かれ
ています。学生群では，地面の線や地面を描く人が約50％（中島，
2016）はいますから，Clを特徴づけるものとは言えません。

発表者：私は幹の内部が白いことが気になります。なぜだろうと考えた
のですが，私は樹皮があったほうが幹らしいと思っていたのかもしれ
ません。幹らしいかどうかの判断は難しいので，誰しもが納得できる
〈隙間〉を特徴として挙げたほうが客観的でしょうか。枝にも樹冠に
も〈隙間〉があります。でもつながっている場所もありますね。

講師：幹の内部の白さがなぜ気になるのかは，見る側の投映が含まれて
いる場合がありますが，幹の内部が白いということは事実です。個人
的に気になるのか，描画テストとして特徴と言えるのかは，やはり出
現率によって決まります。〈隙間〉があると指摘してくれましたが，〈隙
間〉については，幹の描線はつながっているところもあれば，つながっ
ていないところもあります。これは**個人内比較**です。そして，枝にも
樹冠にも〈隙間〉があり，〈隙間〉は特徴として挙げてよさそうです。
　付箋を見ながら考えたことは絵の特徴とは別の色の付箋に書き出し
ましょう。たくさんの付箋がありますが，できるだけ大きな紙にすべ
ての付箋を貼ってください。そして，一つ一つの付箋をじっくり眺め

第 3 章　描画の解釈

ながら，関係のありそうな付箋をまとめたり，因果関係を考えたり，
いろいろと動かしながら解釈をまとめる段階へと進みましょう。

検討会のポイント⑦　客観性を保つ

　今回は解釈を組み立ててまとめていく作業を視覚化するために付
箋を用いています。書き出した付箋がすべて見えるように，できる
だけ大きな紙に貼ることがポイントです。付箋を動かしながら，考
えたこと，連想したことも付箋に書いて貼っていきます。

　付箋を並べてみるとわかりますが，多くの人が指摘する特徴は，
その絵を解釈する上での必須ポイントです。他の人が気づいていて，
自分は気づかなかった特徴は，次回から注意してみましょう。他の
人は気づかず，自分だけが指摘したとしても，「間違っていた」と
不安になることはありません。くまなく絵を見ていた証拠です。

　ここでは三人が共通して注目した〈鋭い枝〉が話題になっていま
すが，この特徴はこの絵において重要な特徴の一つです。みなさん
もこの技は鋭いといってよいのか判断に迷うことがあると思いま
す。そのような場合はＢさんが「この枝は鋭い」とボーランダー
（1977/1999）を引用して判断しているように，テキストの例示と比
較しながら判断するのも一つの手です。Clの絵と全く同じ例はあ
りませんから，似ているものを選びます。そして，できれば他の人
に「この枝は鋭いと思うか」と意見を聞いてみてください。また事
例論文を読みながら，そこで指摘されている枝の鋭さと比較してみ
ます。このような作業を重ねることで，描画テストを利用している
人たちが共有している枝先の鋭さの感覚が自分の中にも育まれてい
きます。

　参加者はディスクリプションや模写によって特徴を洗い出し，そ

125

第Ⅱ部　事例検討会編

こから個人間比較や個人内比較を用いて解釈につながる特徴を選択
しています。Aさんが振り返ってくれたように，形式分析や内容
分析は主観的体験を基にするのではなく，描画指標の出現率と比較
し，客観的に特徴を選択します。しかしながら，すべての出現率が
公表されているわけではありません。今後さらに現場の人たちに
よって基礎データが収集，公表されることを期待するところです。

3.　解釈仮説をつなげてまとめる

講師：書き出した付箋を動かしながら，何か言えそうなことはあります
　　か？　解釈仮説は羅列するのではなく，それを組み立てながら浮かび
　　あがるストーリーを探します。さて，どのようなCl像が見えてきま
　　すか？

A：「Cl像が見える」ですか。ちょっと難しいです。

講師：最初はみんなそうです。Aさんにとって何が難しいのかを教え
　　てくれますか？

A：正直なところ，まだ組み立てる以前の問題で，みなさんの話を聞い
　　ていて解釈仮説そのものが十分にわかっていないことに気づきまし
　　た。頑張って組み立てたとしても，そもそもそれが合っているのか不
　　安です。

講師：最初は解釈仮説を一つ一つ調べていくので時間がかかります。英
　　文講読で，知らない単語を調べていくようなものです。何でも習得す
　　るまでには基礎練習が必要で，残念ながら早道はありません。ストー
　　リーを組み立てるためには，基本的な解釈仮説の概要が頭に入ってい
　　ることが前提なので，焦らずやってみましょう。

　　　解釈仮説を組み立てるイメージですが，解釈仮説を"足し算"や"掛
　　け算"するイメージはどうでしょうか。1 + 1 + 1 + 1……と解釈仮

126

説を羅列しても解釈にはならないので，1と1を足して2になるという結論を出します。あくまでもイメージで，解釈の公式があるわけではありません。一つの公式を作ったとしても，その結果をまとめていくための次の公式がさらに必要になります。そのような組み合わせをすべて作ることは現実的ではないし，組み合わせの矛盾も生じます。だからこそ〈この絵の組み合わせ〉を考えていく必要があります。

　それから，間違っていたらどうしようと思う謙虚な姿勢も必要ですが，思考停止にならないようにしましょう。今は間違ってもいいので，あれこれ考えてみることを優先してください。自分の解釈が合っているかどうかは Cl の経過を見ることで確認できます。ただそうは言っても，Cl の経過にはさまざまな要因が関係しているので，解釈が合っていたかどうかの判断は容易ではありません。しかし，自分が心理テストを実施した Cl の経過を追うことで，多くの学びがあることも事実です。

発表者：私も解釈仮説のどれを選べばいいのか，いつも悩みます。今回の事例も地面のあたりがなぞられています。解釈仮説として直線のラインの代わりに破線や陰影で地面を表現する場合は，①周りの環境から支持されているという感じや，②衝動を適切に環境に合致させようとしていることを表しがちだといわれていますが（高橋・高橋，2010a），①なのか，②なのかどちらを選べばいいのかと迷いました。

講師：①か②のどちらを選ぶか，という発想から脱却しましょう。ここでは〈地面〉と〈破線や陰影〉の二つの要素があって，それぞれの意味を掛け算するイメージです。〈地面〉の意味は何だろう，〈破線や陰影〉の意味は何だろうと別々に考えるのではなく，〈地面が破線（陰影）で描かれていること〉は何を意味するのだろうと考えてみます。そもそも，発表者が引用してくれた解釈仮説は〈地面の修飾〉の一部です。破線と陰影が修飾として使われているという前提なので，両者が同じ

第Ⅱ部　事例検討会編

ように扱われていますが，本来〈破線〉と〈陰影〉はコアイメージが異なります。描線の連続性のコアイメージは“境界”であり，そこから〈破線〉は“境界のほころび”を意味すると考えられます。一方で〈陰影〉のコアイメージは“囚われと隠蔽”です。〈地面〉という根を支える部分が“ほころび”ているのか，“囚われて隠している”のかでは全く意味が違います。今回の事例では何度もなぞっていますから，修飾よりも陰影に近い，つまり〈地面〉の意味するものに囚われていたり，それを隠そうとしていると考えられます。隠すことによって環境に合わせていると考えれば，②に近いとも言えますが，この言葉をそのまま使うとイメージが変わってしまうので，自分のしっくりくる言葉で表現してみましょう。

発表者：絵に当てはまる解釈仮説を探すのではなく，自分でコアイメージを掛け算するということですか？

講師：そうです。解釈仮説の表現ではなく，コアイメージを掛け算することがポイントです。コアイメージは一義的なものなのでそれぞれを掛け算するイメージが使えますが，初めから細目化された解釈仮説の表現を組み立てようとしても，羅列で終わってしまうことが多いので注意してください。

A：特徴のコアイメージを掛け算するのですか。わかったような，わからないような。

B：私はなんとなくわかるような気もしますが，別のことを考えていました。〈地面〉の話題からは離れてしまうのですが，Clの絵には〈隙間〉が目立っていました。模写をしていて，勢いよく線を引くとつながらなかったことを思い出したので，〈隙間〉ができた理由として，〈勢いがある〉ことが関係しているのではないか，Clはスピーディだけどそれだけに雑な一面を持っているのではないでしょうか。

講師：いいですね。Bさんのように“因果関係”のイメージでも構いま

せん。〈勢いがある〉というのは全体的評価なので，その印象をもたらしている形式分析に落とし込むと〈描線のスピードが速い〉となります。これを使うと〈描線のスピードが速い〉×〈隙間〉＝雑になる，とも言えるかもしれません。では勢いがある，分枝に隙間，樹冠に隙間の付箋をまとめて雑になるという付箋を作りましょう。少し Cl 像がまとまって見えてきました。

A：まだ難しいです。

講師：では，左辺の一つを筆圧に固定しましょうか。筆圧にいろいろなものを掛け合わせるパターンで考えてみるのはどうでしょうか。

A：まず筆圧ですか。筆圧が大事なのですか？

講師：筆圧のコアイメージは"エネルギー"です。強い筆圧はエネルギーの高さ，逆に弱い筆圧はエネルギーの低さを意味します。エネルギーは心的活動や行動などに幅広く影響するので，そこを土台に考えます。さきほど英文講読の例を挙げましたが，英語が苦手な人はそれぞれの単語の意味を表面的につなぎ合わせて，それに合った状況（訳文）を"創作"する，つまり誤訳をしてしまう。だから表面的な意味ではなくコアイメージで考えます。さきほど公式はないと言いましたが，筆圧と他の指標を掛け算する公式を作ってみてもいいですね。

　掛け合わせるイメージでもう少し説明するなら，数学では正負の同じ数字の掛け算は＋（プラス）になり，異なる掛け算は－（マイナス）になります。描画テストの場合も同じように，筆圧の強弱によって，組み合わさった指標の意味が変わります。そして基本的には他の指標よりも筆圧が優先されます。

B：私は〈勢いがある〉から〈隙間〉ができたと考えましたが，〈強い筆圧〉の"エネルギー"と，〈描線のスピード〉の"統制"のコアイメージで考えると，エネルギーがあってそれが十分に統制できないから雑な隙間のある木になったということですね。模写した時の身体感覚とも

第Ⅱ部　事例検討会編

一致していて，納得できました。

講師：その通りです。こうやって特徴を演算しながら，出てきた解釈を
絵全体の解釈として組み立てていきます。他にもどうでしょうか。

発表者：〈地面〉の話に戻ってしまうのですが，もし Cl が根を描いてい
たらどうなったのだろう，枝みたいに尖っていたのだろうかというこ
とが気になりました。

講師：面白いですね。描かれてはいないけれど，もし描かれていたらど
うなっていたのだろうかと想像してみる。そして，なぜ描かなかった
のだろうかと考える。

A：枝も根もどちらも尖っていれば攻撃的な感じがします。でも今回の
事例はどうなるのですか？　枝は尖っているけれども，根は描かれて
いない，尖っていたかはわからないですよね。

講師：〈鋭い枝〉と〈鋭い根〉があれば，〈枝〉や〈根〉が象徴する意味
を〈鋭い〉という概念でまとめることができます。同じベクトルのも
のがあれば，その意味の妥当性が上がります。一方で，〈鋭い枝〉と〈根
がない〉は同じグループにはすぐにはまとまりません。そこで単純に
〈尖っている〉だけではない何かがありそうだと考えてみます。その
ときのヒントはやはり絵の中にあります。〈根がない〉のですが〈根〉
のあたりはどうなっていますか？

A：〈根〉は描かれずに〈地面の線〉が描かれ，その線が強調されてい
ました。地面の線が幹の根元を横切っていて，境界線のようでもあり，
何度も繰り返して境界を強めているような気もしました。

講師：まさに A さんが言ってくれたように，連続した線には領域を区
切る"境界"のコアイメージがあります。そこで，何と何の境界なの
かとさらに考えます。そもそも〈根〉は何を象徴していますか。

A：根や幹の根元は，①大地に示される現実との接触の仕方，②過去，
家族，社会に基づく自我の安定性の程度，③無意識の欲求や精神的エ

130

ネルギーの強さと受容度などを表す（高橋・高橋，2010b）となっています。根の解釈仮説はわかりましたが，根が描かれていないときはどうすればいいのでしょうか？

発表者：〈根〉の代わりに〈地面の線〉があるので，先ほどの解釈につながるわけですね。〈根〉が表している無意識の欲求に，〈地面の線〉をつけることで境界を作って区別して，さらに〈陰影〉で欲求を隠している。何段階もかけて念入りに分けたということですか？

講師：いいですね。根はない，地面の線の下が塗られている，木の根元あたりがなぞられているの付箋をまとめて，無意識の欲求を隠しているという付箋を作りましょう。さらにつないでいきましょう。先ほど〈鋭い枝〉はエネルギーを敵意のある仕方で解消する傾向だと言ってくれました。木の枝は人間の手にあたるものとして考えられています。枝が広がっていく感じと，手を伸ばしていく感じはイメージが重なります。その枝の先が尖っている。簡単に言えば，伸ばした手の指先が尖っているようなものです。爪の長い人が引っ掻けば傷になると考えてみてはどうでしょうか。だからこそ，人に対して攻撃的な関わりになるという解釈仮説になるわけです。〈勢いがある〉ために〈隙間〉ができてしまうことが話題になっていましたが，この絵の〈隙間〉は描線の途切れに近い表現とみなすこともできます。〈強い筆圧〉と〈破線〉と〈鋭い枝〉を掛け算すると，敵意のような強い感情が内側にとどめておけず外に出てしまうのかもしれないと解釈できそうです。これで強い筆圧，分枝に隙間，枝は鋭いの付箋もまとまりますね。まとめの付箋は強い感情が外に出るとでもしましょう。

　先ほどまとめたように〈根〉と〈地面の線〉と〈陰影〉からは，無意識の欲求やエネルギーをなんとか抑えこもうとする心の働きが読みとれます。統制できないからこそ，統制しようとするのかもしれないし，その葛藤にエネルギーが使われて，Cl の「気持ちが落ちこんで，

第Ⅱ部　事例検討会編

何もしたくない」という状態が生じているのではないかと考えられます。

A：指標がまとまってきて，Cl 像が見えるような気がしてきました。

発表者：樹冠の上が黒いことや，根元が何度もなぞられているので重苦しい感じがします。〈重苦しい〉は衝動を抑え込むことによって生じた Cl の感情を伝えているのではないでしょうか。

B：最初に枝を描いたという描画順の独特さ，PDI で小さなお寺の楼門と説明したような相手への配慮のなさ，Cl は少し平均からずれているところもありますが，もしかするとそういう自分はわかってもらえないという自覚があるからこそ地面を描いてもいいですかと質問したり，検査者の意図を確認しているのかもしれません。

A：人にわかってもらえないと思えば，相手に対してトゲトゲした態度をとることだってありそうです。

講師：かなり Cl 像が立体的に見えてきたのではないでしょうか。「木の絵」が Cl のストーリーになってきました。そして忘れてはならないのは，木が中央に描かれていることや，サイズは普通であるということです。精神病や重篤なうつ病ではなく，健康で適応的な面が十分あることを前提にしつつ，それに加えてこれまでにディスカッションしてきたような Cl の個性があるということです。

　書き出した付箋をまとめながらディスカッションしてきましたが，それを一人の Cl 像として相互関係を考えて図にしました（図16）。筆圧を土台に考えてみる話は何度もしてきましたが，今回のもう一つの土台は中央に適度なサイズで描かれたこと，言い換えれば Cl の安定した状態です。これは心理アセスメントの生物－心理－社会モデルに当てはめると生物的要因に該当します。心理アセスメントでは，まず生物的要因を確認したうえで，心理的要因を積み上げていきます。このようなストーリーラインをまとめると解釈が完成し，所見の基礎になるわけです。今回の Cl に精神病圏の問題はないことが確認され

第 3 章 描画の解釈

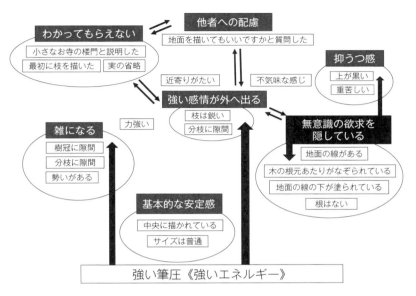

図 16 解釈仮説をつなげてまとめる

ました。これを前提に以降の話をすすめます。Cl にはエネルギーがあり，人と関わろうとする姿勢もみられますが，感情がうまくコントロールできずに攻撃的になってしまう一面もうかがえます。こういった感情や衝動を抑えたり隠したりする心の働きが生じ，抑うつ感を生じさせていると考えられます。Cl の独特の個性は周囲の人にわかってもらえず，イライラしてしまうこともあると思います。そういった人間関係の軋轢が生じないように，他者に配慮する方略が使われているのかもしれませんが，それもまた「なぜ私が……」といった不満を生じさせている可能性もあります。

　ここまで描画の解釈過程を示してきましたが，A さんは初めての体験かもしれませんね。なんとなくイメージできそうですか？

133

第Ⅱ部　事例検討会編

Ａ：面白そうだなと思いました。しかし，これを一人でやれるのでしょうか。

講師：慣れるまでは難しいかもしれませんが，特徴やその解釈仮説をつなげる意識を持つことです。そのためには解釈仮説を丸暗記しないで，コアイメージで考えながら，それに合わせた言葉を選ぶことです。検討会では，みなさんがそれぞれに感じ考えたことを尊重しながら意見を言い合っていきます。Ａさんも疑問に思ったことを話したり，みなさんの意見を聞くことで，自分の感覚や考えが明確になったのではないでしょうか。たくさんの事例を経験して練習すれば誰でもできるようになります。

　では，描画テストの結果を解釈してまとめたら，次は所見の作成です。次回までの宿題にしますので，CES-D の結果も含めて書いてきてください。

検討会のポイント⑧　分解したものをあらためて統合する

　検討会で一番話題になったのは，解釈仮説を選んでつなげる難しさについてです。参加者は描画テストの経験が異なりますので，難しさの程度や質も異なります。描画テストに慣れるまでは解釈仮説の基礎知識が足りないことによるわからなさ，次の段階では解釈仮説の中から何を選べばいいのか，選んだとしてもそれをどのようにつなぎ，まとめるのかに難しさを感じているようです。最初は一つ一つ解釈仮説を確認することから始まりますが，それぞれの指標は独立しているわけではなく，相互に関連しています。ある指標の解釈仮説は他の指標との関係性によって選ばれると考えてください。

　解釈仮説をつなげる方法として，講師はＡさんに筆圧と他の指標を掛け合わせるパターンを提案しました。〈筆圧とサイズ〉のよ

うに筆圧と他の形式分析の指標を掛け合わせて「強い筆圧で大きく描かれることの意味は何だろう」と考えます。あるいは，〈筆圧と枝〉のように筆圧と内容分析の指標を掛け合わせて「強い筆圧で描かれた枝の意味は何だろう」と考えます。そして，「強く大きく描かれた枝の先が尖っていることは，どのような意味になるのだろう」と指標が徐々に増えていくことで，全体的な解釈となります。

　また，検討会ではBさんが〈勢いがある〉から〈隙間〉ができたのではないかと因果関係のパターンに言及しています。ピックアップした特徴について，「どうしてこうなったのだろう？」と考えてみると，他の特徴によって説明できる場合があります。検討会では，模写の体験を利用しながら，このスピード感で線を描いたために隙間ができたのではないかと想像し，そこから「エネルギーがありスピーディだが，それだけに雑な一面もある」というCl像としてまとめています。

　他にも，事例概要から立てた仮説に関わる特徴を集めるパターンも考えられます。診断基準に病状を当てはめて確認するようなイメージです。今回の事例であれば〈精神圏の問題を示唆する指標〉や〈うつ病の指標〉，〈人間関係の指標〉にどの程度当てはまるかをチェックするパターンです。このパターンでは，複数の指標が当てはまればより高い信頼性とともに解釈することができます。一方で，この方法は自分の立てた仮説の枠組みでしか解釈ができないため，上述のような絵からパターンを作る方法と相補的に用いることが必要です。

　描画テストの解釈の難しさは，形式分析や内容分析によって分解された絵を一人の人物像として再統合する難しさです。統合されていない解釈は"料理の本の一覧表"（Klopfer, 1960/1967）のように解釈仮説が並んでいるだけでCl像が見えてきません。一方で，

第Ⅱ部　事例検討会編

統合された解釈は，個々の解釈仮説を超えて，"完成した料理の味"
のような立体的な Cl 像が見えてきます。描画テストの解釈は，心
理学の理論を背景に検査者自身が能動的かつ主体的に組み立てるこ
とが求められるため難しいのです。しかし，それがうまくまとまる
と達成感があり，次第に描画テストの魅力に引き込まれていくこと
でしょう。

　ベテランの検査者であっても，検査者によってつなげ方やまとめ
方が異なると，微妙に同じ解釈にはならないことがあります。基本
的に大きな特徴は誰もがピックアップするため，そこからの解釈に
はほとんど違いはありません。その次の小さな特徴をどこまで，ど
のように統合していくかによって解釈に差が出ます。模写やディス
クリプションにより，細かい特徴に目を向けながらも，十分な根拠
が示せない特徴は無理やり解釈しないことも大切です。

覚書

- 絵を分析するときは，ディスクリプションや模写を活用して，絵
  のすべての特徴に目を向けましょう。
- テスト場面で観察された行動や PDI，全体的評価，形式分析や内
  容分析を整理し，出現率を参考にしながら Cl 独自の特徴をピッ
  クアップしましょう。
- 解釈では，コアイメージを掛け合わせながら，妥当性のあるストー
  リーを見つけましょう。

第4章

所見とフィードバック

　第3章では描画テストの指標を関連づけて図にまとめました。ここからはこの図を具体的で臨床的な所見へと変換していく段階へと進みます。さらに，Clの日常生活に役立ち，必要に応じて心理面接へとつなげるためのフィードバックについて検討します。

　では，検討会も日を改め，最終段階に入っていきます。

1．所見を書く

講師：前回の検討会でCES-Dとバウムテストの解釈についてディスカッションしてきたわけですが，今日は所見として，結果をどのように依頼者に伝えればいいのかを中心にみていきましょう。それぞれに宿題にしておいた所見を紹介してください。ではAさんの所見（**図17**）からお願いします。

A：検討会に参加しながら，メモを取っていたのですが，家に帰って所見にまとめようとすると，よくわからなくなってしまいました。

発表者：わかります。私も最初はそうでした。メモをつなぎあわせても所見にはならないので途方に暮れたことがよくありました。

講師：ありがちですね。先輩や先生の言葉をメモしても，結局は借り物で，自分で納得できたことしか所見には書けないということです。Aさんの所見はCES-Dの結果として得点と判定が書かれていて，数値も大切だという検討会のコメントが活かされています。しかし，読み

137

第Ⅱ部　事例検討会編

手は 30 点がどのような意味なのかわからないかもしれません。書くのであれば，それが何を意味するかまで書きましょう。項目についても指摘していますが，「身体症状よりも寂しい気持ちが強い」という結果の記述で，そこから何が言えるのかが書かれていません。

　Bさんの CES-D の所見（**図 18**）は，丁寧に書かれていますね。数値の意味が明確に伝わりますし，チェックされた質問項目を示しながら主訴に言及しています。心理アセスメントは Cl に何が起きているのかを解き明かす作業です。事例概要に基づいて立てた「人間関係にストレスがある」という仮説の検証までには至っていませんが，Cl の「気持ちが落ち込む」という主訴は一人での寂しさや他者のよそよそしさを感じていることに言い換えられると B さんの意見が書かれています。

B：CES-D の結果は主訴とどのようにつながるのだろうかと考えてみました。なぜ一人で寂しいのか，他の人の態度によそよそしさを感じるのかはわからないので，パーソナリティテストや面接で補っていくことになると思います。

講師：CES-D は，スクリーニング的に Cl のうつ状態を把握することが目的のテストですから，ここから先は他のテストによる解釈を待つということです。では，バウムテストの所見に移りましょう。A さんの所見は健康な一面があることから始まっていますね。

A：所見では良い面も書く必要があると授業で習いました。テキストは「この指標が見られるとこういう問題がある」という記述が多くて，良い面の記述を探すのが大変でした。検討会で「健康的」という意見があったので，今回はそれを書きました。形式分析では〈尖った枝〉や〈隙間〉，〈地面の線〉が強調されていることが特徴だと思ったので，その点を中心にまとめました。

講師：良い面とは何か，健康的とは何か，みなさんはどう思いますか？

138

病気じゃないということでしょうか？　健康か病気かだけを考えよう
とすると，鑑別的な思考になります。そもそも健康か病気かのどちら
かに分けることなどできません。心理アセスメントは，その人らしさ
を理解し，その人の持てる力を活用するという姿勢で考えていくこと
が大切です。

心理テスト報告書

検査日：○○年○月○日
検査担当者：A

被検者：△△△△　様

1）CES-D

CES-D の結果は 30 点となり，気分障害群と判定された。質
問項目では，身体症状よりも寂しい気持ちが強かった。

2）描画テスト（バウムテスト）

木は中央に適度なサイズで描かれ，健康的な一面がうかがわ
れる。バウムテストでは〈尖った枝〉が特徴的で，Cl はエネ
ルギーを敵意のある仕方で解消する傾向がある。これは〈隙間〉
の多さからもうかがえ，作業が雑になることも予想される。〈地
面の線〉が強調されていることから，強い衝動をなんとか統制
しようと努力する一面もうかがわれる。独特の感性もあり，人
にわかってもらえないこともあるため，注意が必要である。

図 17　A さんの所見

第Ⅱ部　事例検討会編

心理テスト報告書

検査日○○年○月○日

検査担当者：B

被検者：△△△△　様

〈検査目的〉

現在のうつ状態の把握とパーソナリティの理解，心理面接の適否を判断する。

1）CES-D

CES-D の得点は 30 点で，判定は気分障害群であった。カットオフポイントの 16 点を大きく超えており，うつ状態は注意の必要なレベルにある。質問項目を詳しく検討すると，食欲不振や不眠よりも気持ちの落ち込み，一人での寂しさや他者のよそよそしさを感じることが多く，「気持ちが落ち込む」との主訴には人間関係の問題が関与していることが確認された。

2）描画テスト（バウムテスト）

教示をすると少し考えていたが，まず枝から描き始め，「地面を描いてもいいですか」と質問した。自由にどうぞと伝えると，用紙の下方に地面の線を横向きに引いたあと，枝から下に幹を伸ばし，そのあと地面の線を何度もなぞった。さらに用紙の上部も塗ってから樹冠を描いた。「実のなる木でしたよね」といいながら，「絵は苦手なので」と笑って実を描かないまま終了した。木の大きさを尋ねると少し悩んで「小さいお寺の楼門くらい」と答えた。

被検者は，黒く塗られた上部から伝わる重苦しさのような抑

140

うつ感は強いが，描線は勢いのある強い筆圧で描かれ，身体的・心的エネルギーはそれほど低くない。中央に位置し，しっかりした幹からは被検者の自己肯定感がうかがえる。抑うつ感はあっても，落ち着いて自分を見つめること，自分の良い点を認めていくことはできるだろう。

　一方で，鋭くとがった枝と強調された地面の線の対比からは，勢いにまかせて自分の感情や衝動が他者に向かいやすく，それを抑えようとする心の動きも見受けられる。例えば，相手が嫌がるようなことでも，自分の思ったことはストレートに伝えるタイプなのかもしれない。こういった行動は人間関係をギクシャクさせ，ストレスの身体化や抑うつ感につながっていると推測される。

　被検者の描画順は非常に珍しく，絵の説明もやや独りよがりなものであった。このことを日常場面に置き換えると，被検者は独特のやり方で仕事に取り組み，最終的にはそれなりにまとめることができるが，周囲の人は被検者の意図がわからず困惑し，場合によっては叱責することもあるだろう。しかし，被検者はなぜ叱責されるのか納得できずに不満に思ったり，どうしていいかわからなくなったりするのではないかと考えられた。

3）総合所見

　現在のうつ状態は，どちらのテストからもエネルギーの枯渇ではなく，抑うつ感が中心であることが示されており，その背景には人間関係が関与していると思われる。被検者は他者に配慮するというよりも我が道を行くタイプで，被検者の個性を理解してくれる仲間のなかでは安定して過ごすことができるが，現在は一人での寂しさが強く，支えとなる対象が得られていな

第Ⅱ部　事例検討会編

い可能性がある。「気持ちが落ち込み何もしたくない」という
訴えは，「なぜ叱責されるのかわからない」「わかってもらえる
人がいない」ことに由来する落ち込み，またそれを誘発する場
面の回避の表れと考えられる。

　また，仕事のミスは認知の偏りなどの発達的な問題による可
能性があるため，どのようなことで上司に叱責されるのかを詳
細に聞き取ったうえで，WAIS-Ⅳの実施が望ましい。被検者
の得意・不得意を確認することで，仕事上のストレスを軽減す
ることができるかもしれない。被検者は子どもの頃より心因性
の問題を繰り返している。環境調整だけでなく，被検者自身が
自分の特徴を理解するためにも心理面接が有効である。心理面
接では，人間関係に焦点をあてながら，ストレスコーピングや
対人関係のスキルトレーニングを含めて話し合うことにより，
現在の症状改善だけでなく，今後の再発予防にもつながると考
えらえる。

図 18　B さんの所見

　フェルナンデス（Fernandez, 2005/2006）は，所見に感情・情緒の
領域，社会的領域，知的領域を含めることを推奨しています。A さ
んも感情や人との関わりについて言及しています。それは良いのです
が，A さんの所見を食レポにたとえると，料理全体の味わいを分析
して伝えるというよりも，「塩が入っているので塩辛いです」みたい
な感じですね。それから「エネルギーを敵意のある仕方で解消する傾
向がある」は，テキストの言葉をそのまま使っています。日常的な言
葉に置き換えるとどうなるのか，考えてみてください。

A：敵意のある仕方ですから，暴力を振るうとかですか。

142

第4章　所見とフィードバック

講師：少し日常的な言葉に近づきました。暴力なのか，暴言なのか，そのあたりの具体性は絵だけではわかりませんが，木の姿を人の姿に重ねてみましょう。枝は人間に置き換えると手のようなもの，つまり人との関わりを象徴します。Cl によって相手が傷つくことがあるのではないか，それは日常的にはどのようなことがありうるのか，例えばイライラすると当たり散らすのかもしれないなどと考えてみるということです。

A：いつも「テキストをそのまま書き写してはいけない」と指導されるのですが，テキストに書いていないことを書くのはハードルが高すぎます。大学院生の私が考えたことを書いていいのですか？

講師：「テキストに書いていないことを書きなさい」と言っているわけではありません。A さんが言ったように，「テキストをそのまま書き写してはいけない」と言っているのです。つまり，テキストに書いてある内容を理解したうえで，わかりやすく書くということです。テキストをおろそかにしてはいけませんが，テキストの解釈仮説はこれまでの研究の成果であって，いくら読んでも「この Cl の所見」は載っていません。Cl 像を具体的かつ日常的な言葉で表現するということは，パーソナリティの理論を学び，心理テストにそれがどのように表れるのかを学び，実践での経験を重ねていった先に可能になるものです。

B：解釈仮説を自分のものにするというのは，かなりの経験が必要だと思います。私も資格をとって 10 年目ですが，検討会に参加すると毎回発見があります。

講師：では B さんのバウムテストの所見を見ていきましょう。

A：B さんのバウムテストの所見には，Cl の絵を描いている時の様子，PDI などが記述されていますね。

B：所見には絵を添付しますが，絵を見ただけではわからないことが解釈の根拠となる場合には，所見に書くようにしています。

143

第Ⅱ部　事例検討会編

発表者：Bさんも Cl の健康的な一面から始まっていますね。

B：まずは Cl のベースラインを示しながら，そのうえで何が起きているのかを説明したいと思って書いてみました。

講師：Cl の健康的な側面をただ書くのではなく，そこを土台としたメカニズムの記述や介入の提案ができると良いと思います。Aさんも検討会では全体的評価から解釈していたし，「Cl は質問ができる人だ」「気を遣う一面がある」などの側面にも気がついていたのに，所見に書かなかったのはなぜでしょうか。

A：全体的評価は感想であって，所見に書くものではないと思っていました。Cl が質問することは珍しくないと思ったので取り挙げませんでした。Cl の特徴は「小さいお寺の楼門」や「青空の草原」のイメージに表れていると思ったのですが，それをどのように所見に盛り込めばいいのかわからなくて，最終的に「独特の感性」と書くことにしました。

講師：全体的評価も分析の一部ですから，他の分析と絡めて解釈します。Cl の特徴は，質問をして相手の意に沿おうとする側面もあれば，相手に伝わりにくい表現に終始する側面もあるということです。これは同じようなことが日常生活でも起きている可能性が高いと思います。テスト場面でのやりとりを参考に，例えば「職場でも自分がわからないことは相手に質問するけれども，自分の知っていることは他の人も知っていると思って説明が足りないのではないか」と具体的に伝えると納得しやすいかもしれません。

A：前回みなさんと検討して，図解してみたときはわかったような気がしたのですが，そこから文章にするとうまくまとまりませんでした。難しい言葉を使いたくなっている自分に気がついて，そこはブレーキをかけました。でも，テキストの言葉をそのまま使わず，しっくりくる言葉を探すというのは大変ですね。自分の語彙力のなさに直面しました。

第4章 所見とフィードバック

講師：たしかに，非言語的表現の言語化ですから，語彙力，文章力を問われます。自分のしっくりくる言葉を探しつつ，なおかつ相手に伝わる言葉にしていかなくてはいけないので大変です。図解してみたイメージをどう言葉にしていくのか。最初から書き言葉にすると，自分が考えていたことからズレてしまいます。まずはざっくばらんに誰かに話すようなつもりで書いて，そのあとで推敲します。構成を考えたり，この言葉で合っているのかと国語辞典を引いて文章として整えます。文章表現は技術ですから，練習あるのみです。

発表者：同じ事例の所見を複数の人が書くという経験がなかったので，面白いですね。しかも，一緒に検討したのに同じにはならない。Ｂさんはいつも検査目的を書くのですか？

Ｂ：所見は検査目的という「問い」への「答え」だと教わったので，主治医からの依頼目的はこうだったと確認すると，所見の内容が迷走しない気がします。

Ａ：描画テストの解釈では特徴をすべて書くわけでもないのですね。

Ｂ：検討会でディスカッションしたことをすべて書くと，かえってわかりにくくなったので，今回は私が伝えたいこと，支援につなげるために必要なことを選びました。

発表者：検査目的と総合所見とを対応させているわけですね。納得しました。私は絵を見て「こういう人なんだな，ここが大変なんだな」と腑に落ちることもそれなりにあります。でも，文章にしたときに，その感覚が伝わっていないような気がして，所見を提出したあとも，あれでよかったのだろうかと悩むことがあります。所見を書くことが怖いと思ったりもします。

講師：非言語的情報を言語的情報に変換して，それは妥当だったのか，自分の所見が読み手にどのように伝わったのか，そこに怖さのような感覚があるということですね。その感覚も大切にしてほしいと思いま

145

第Ⅱ部　事例検討会編

す。たしかに伝え方でCl像のニュアンスが違ってしまうのも事実です。依頼者に読んだ感想を聞いてみたいですね。同じイメージを共有してもらえたのか，確認する機会があると安心できます。「私の所見はどうでしたか？」とは聞きにくいですが，「所見はわかりにくくなかったですか？」とでも聞いてみてはどうでしょう。今回のように同じ事例について複数の人で所見を書いてみると，そのような伝え方があったのかと参考になります。Bさんの所見もBさんの言葉であって，別の言い方があっても構いません。

発表者：私なら，「我が道を行く」でなく「自由奔放な振る舞い」と書いたかもしれません。でも「自己中心的」とは書かないと思います。少しニュアンスが違うというか，Clのこの感じはそこまで嫌な感じがしないというか。

A：繊細な言葉選びが求められるのですね。私は語彙力が乏しいので心配です。

講師：最初は誰しもそういう感想を持つものです。これは描画テストだけの問題ではなく，心理テストすべてに共通するものです。「解釈する時間よりも，しっくりくる表現を探す時間のほうが長かった」なんてこともありますが，Clが表現できないことを私たちが代わりに伝えるのですから，責任重大です。腕を磨いていきましょう。

　さて，CES-Dとバウムテストを統合することで，「気分が落ち込み，仕事を休んでしまう」という主訴の重症度が明確になり，どうして気分が落ち込むのか，仕事を休んでしまうのか，被検者の心情をくみ取りながらBさんなりの見解が提示されました。ここからは前回の検討会で立てた仮説の検証についてディスカッションしましょう。所見に書くか否かはともかくとして，①精神病圏の問題はない，②承認欲求が満たされていない，③人間関係にストレスがあるという仮説がありましたが，みなさんの考えを教えてください。

B：①については，精神病を示すサインは見られませんでした。精神病圏の問題はないということでいいと思います。所見に書かなかったのは，発表者の紹介で主治医も精神病圏の問題は考えておられないとのことだったので，あえて書かなくてもいいのではと思いました。

講師：「精神病圏の問題の有無」を確認することが心理テストの目的であれば，それに対応した書き方が必要ですが，今回は念のためそのあたりも確認しましょうという仮説なので，それでいいと思います。

A：②承認欲求が満たされていないという仮説は私が立てたのですが，これはどうだったのでしょうか。描画テストに承認欲求の指標はあるのですか？

発表者：いくつかの葉を描いて茂みを表す場合に「自己を飾り，他人から認められたいという欲求の強さ（高橋・高橋，2010a）」という解釈がなされるときもあります。今回の絵には葉も茂みもありませんでした。だから承認欲求がないと解釈するのも違うような気がしますが，テスト時の様子がどちらかといえば自由奔放というか，あまり気にしていないというか。

講師：テスト時の様子から考えを述べてくれましたが，テスト時の行動としては表れていないだけかもしれないので，それだけではどちらとも言えません。人に認めてほしいという欲求は悪いものではなく，欲求が強すぎると問題が生じやすい。現病歴にあったように，仕事を認められて嬉しかったという気持ちは誰にでもあるレベルかもしれません。描画テストの解釈としては，どちらかというと，わかってもらえないという気持ちのほうがありそうです。では最後の③人間関係にストレスがある，人間関係に疲労困憊して仕事を休んでいるのではないかという仮説はどうでしょう。

A：CES-D は気分障害群に判定されていますが，身体的な症状はそれほど強くない。バウムテストからも疲労困憊感はありませんでした。こ

第Ⅱ部　事例検討会編

の仮説は棄却です。

B：「気分が落ち込み，仕事を休む」という主訴だったので，うつの特徴のある木が描かれると想像していましたが，そうでもなかったですね。うつ病のClに心理テストをして，「抑うつ的でした」という所見を書いても，単なる確認でしかありません。Clには時間も心理的・経済的負担もかけて心理テストを実施するわけですから，それ以上の収穫が欲しい。

発表者：収穫はありました。クリニックの初診時の情報からは，私もうつ状態だろうと想定していました。だからバウムテストを実施して，力強く尖った枝を見たときには少し驚きました。最初の情報ではわからないことが心理テストから理解できたし，Clの対人関係においてこんなことが起こっているのではないかと具体的なストーリーを見つけることができました。

A：私は事例概要に「気持ちが落ち込んで職場を休みがち」と書かれていたので，実は絵の中にうつのサインを探していました。先生に「絵から離れていませんか？　この絵からわかったことですか？」と言われるのはそういうことかと納得しました。事例概要とつじつま合わせをしていた自分に気がつきました。

講師：練習では被検者の情報を読まずに解釈するブラインドアナリシスも有効です。まさに絵だけから読み取って，そのあとに臨床像とどれだけ合っているのかを確かめていくと実力がつきます。あらためて，Bさんの③人間関係にストレスがある，人間関係に疲労困憊して仕事を休んでいるという仮説に戻りましょう。

B：描画順や絵の説明の仕方から理解できるのは，Clの独特さです。事例概要にあったように，趣味の合う人たちの中で受け入れてもらえるといいのですが，職場ではいろいろとルールもあるでしょうし，Clの我が道を行くスタイルが叱責されるようであれば，人間関係にスト

レスを感じていると考えてもいいのではないでしょうか。イライラすると当たり散らす可能性も否定できません。近寄りがたい雰囲気もあって，Cl はあまり上手に人と付き合えるわけではないから，③人間関係にストレスがあるという仮説は採択です。一方で，この絵の筆圧のエネルギーは疲労困憊しているとは言えないので，それが理由で職場を休んでいるのではないと思います。

講師：ではなぜ休んでいるのでしょうか。考えられることは何でしょうか？

発表者：Cl は「実のなる木」を描くように指示されたことはわかっていたのに，修正するでもなく，「絵は苦手だからこれで」とかわしました。多少なりとも苦手なことは回避するパターンがあるので，仕事も「ちょっと無理かもしれない」と感じたときに，休むことで回避しているのかもしれません。

講師：描画テストの中から根拠を探していていいですね。実際に回避の傾向があるのか，Cl にフィードバックで確認してみたいところです。

検討会のポイント⑨　初学者の陥りやすい記述

　検討会の最終段階は質問紙テストの所見から始まりました。今回の CES-D は 20 項目 4 件法の合計点から評価を行うシンプルな尺度です。みなさんも，数値を記述しただけの所見になっていませんか。数値は結果の一つです。その数値がどのような意味をもっているのかを考えることが解釈です。心理テストのデータをとことん掘り下げる気持ちで，ローデータにも向き合いましょう。

　ここでは，初学者の A さんの所見を中心に解説します。A さんの所見は，被検者には健康的な一面があると指摘することから始まりました。A さんには問題点ばかりを挙げるのではなく，良い点

第Ⅱ部　事例検討会編

を挙げようという意識がありましたが，いざ良い点を探そうとしてもわからないという状況だったようです。これは初学者にありがちなことです。バウムテストにはストレングスの指標（吉田，2018）もありますが，それだけでなく，どの指標も強みとして捉えることも，逆に弱みとして解釈することもできます。つまり，必ず良い点はあるということです。

　講義編では，特徴を見つける方法として個人間比較に注目することを提案しました。この視点からは「他の人には見られないこのような特徴があり問題だ」という思考パターンが生まれます。良い面を探す場合も，「他の人には見られないような良い面」を探そうとするあまり，見つからないのではないでしょうか。むしろ個人内比較の視点，このような特徴があって大変な部分もあるが，このような点は平均的か，それ以上にできるので，そこを強みとして問題を乗り切れないだろうかと発想を広げてください。目立った特徴だけでなく，絵のすべての特徴に目をむけるための模写やディスクリプションは何が標準的（平均的）かを見つけるためにも役立ちます。

　また，Ａさんの「健康的な一面がある」という表現は必ずしも適切ではありません。誰にでも健康的な一面はあるはずです。だからこそ，どういった側面が健康的で，生活を支える資質として有効なのかを明確にしなければ，何も伝えていないのと同じです。ここでは木が中央に適度なサイズで描かれていることを取り上げていますので，テキストを引用するのであれば「安定し調和した精神状態にある（高橋・高橋，2010a）」となるでしょう。所見の中でこれを表現するなら，「被検者は何かにとらわれることなく，安定した精神状態にあり，大きな問題はないといえる。現在の主訴については〇〇といった問題が関与し……」などのように展開していきます。

　講師は，所見に記載された「エネルギーを敵意のある仕方で解消

第4章　所見とフィードバック

する傾向がある」という表現を日常的な言葉に置き換えるようＡさんに求めています。初学者がテキストの言葉をそのまま引用する理由は，それにふさわしい具体例が思い浮かばないからだと思います。しかし，問われたＡさんはすぐに「暴力」を思いつきました。さらにそこからしっくりする言葉を探せばよいと思います。

　Ａさんは「テキストに書いていないことを書くのはハードルが高い」と話していましたが，テキストに書いていないことを書くわけではありません。テキストにある言葉は抽象的・観念的な表現が多く，その本質的な意味を具体的に，できるだけわかりやすく，日常で使う言葉に翻訳していく努力をするということです。Ａさんに対して講師は「イライラすると当たり散らす」イメージが近いのではないかと例を挙げました。この解釈では，強い筆圧とスピードの速い描線を「イライラする」という心の落ち着かない状態を示す言葉に当てはめ，さらにイライラを当たり散らして解消するとつないでいます。このような解釈には身体感覚レベルでの指標の理解と，語彙力が必要となります。日頃から，このような特徴があると日常生活はどうなるのだろうかと想像力を働かせ，それをもとに翻訳していくイメージで言葉にしていきます。そして「イライラすると当たり散らす」という日常生活レベルに置き換えた想像が，主訴や現病歴，生活歴上のエピソードに結びつくかどうかを考えます。描画テストから理解できたことが，臨床像や日常のエピソードに結びつくものとして確認できれば，その解釈は妥当なものといえるでしょう。しかし，ここで注意すべきことは，日常のエピソードから描画テストの説明（解釈）をする，いわゆる後づけにならないようにすることです。さらに，それにつながるようなエピソードが語られていなかったからといって，その解釈が間違っていたとは限りません。もちろん，間違っていることもあり得ますが，言語化が難しく語ら

151

第Ⅱ部　事例検討会編

れていない場合や，被検者が気づいていない場合は語れないからです。

　また，講師はAさんの所見に全体的評価が含まれていないことを指摘しました。初学者は自分の全体的評価に自信がもてず，主観的なものとして軽視しがちです。しかし，描画テストでは形式分析や内容分析から得られる情報だけではなく，全体的評価でしか捉えられない情報もあり，とても重要なものです。自分の全体的評価に自信が持てるようになるためには，他の人の意見を聞きながら，自分の解釈が妥当だったという体験を積むしかありません。描画テストの解釈は検討会に参加したり，またそれが難しい場合でも，職場の仲間と忌憚なく意見を交換し，感じ考えたことを伝える練習をすることで上達します。

　最後に講師が心理アセスメントの仮説について確認しています。承認欲求の仮説で話し合われたように，心理アセスメントは〇〇の指標に該当したので仮説が検証された，逆に該当しなかったから仮説が棄却されたという単純なものではなく，心理テスト全体の結果から考えることが大切です。検討会では事例概要から立てられた「人間関係にストレスがある」という仮説を中心にディスカッションされていますが，Clには強いエネルギーがうまく統制できずに雑になる一面があります。また強い感情を人に向けてしまうことや，描画順や説明の仕方から理解できたClの独特なコミュニケーションのありようが人間関係の軋轢を生むと推測され，仮説を採択しています。しかし，ここでのストレスはあくまでも私たちの想像の域を出ていません。そこでClにフィードバックしながら，実際の様子と照らし合わせ，具体的に話し合って今後の方針を策定します。

2. Cl にフィードバックする

講師：Cl にフィードバックしましたか？

発表者：私が口頭でフィードバックしました。「Cl のうつ状態が軽いと
はいえず，辛い様子が伝わってきた」と話すと Cl は頷いて聞いてい
ました。「マイペースなところがあって，人に誤解されることもあり
ませんか？」と聞くと「あります」と勢いこんで答えました。「仕事
のやり方が上司と違うみたいで，別にどうでもいいと思うのですが怒
られます」と話していました。「自分の感情をうまくコントロールで
きずに，言いすぎたり言えなかったりするようなので，人との関わり
方を考える練習として，心理面接をやってみませんか」と勧めると，
「やってみたいです」と答えました。残念ながら，私の担当にはなり
ませんでしたが，継続して通院しているようです。

B：私が「我が道を行く」と表現していたところを，「マイペース」と
よりマイルドな表現で伝えたのですね。たしかにこの Cl にはそのほ
うが受け取りやすいかもしれません。フィードバックはいつも口頭で
すか？

発表者：最初は書面を書いて渡していたのですが，他の人がその書面だ
けを読んで誤解された経験があって，それ以降は口頭で行っています。
本人には繰り返し読んでほしいけれども，書面がコピーされて独り歩
きする危険もあるとわかったので，今は渡していません。

B：相手や状況によって使い分ける必要があるとは思います。私は書面
で渡しています。もし自分だったら書面でほしいと思うからです。繰
り返し読んでほしいというのは私も同じです。家でじっくり読んでほ
しい。他の人がその書面を読むことも織り込みずみで書ければいいの
ですが，読み手を絞ったほうが書きやすい。Cl の立場に共感しなが
ら書きますから，家族の思いとは合わない場合もあって，誰に向けて

第Ⅱ部　事例検討会編

書くのかなど，いろいろと悩みます。

A：フィードバックは誰が読んでもいいように書くのですか？　所見に
　　まとめることも難しいのに，どんどんハードルが上がっていきます。

講師：たしかに難題です。だからこそ経験や訓練を積んだ専門家がする
　　仕事なのです。家族や職場の理解が必要なケースでは，関係者にも説
　　明したい。理想はそうですが，それができないなら別の形，さらにそ
　　れも無理ならまた別の形といつも理想・目標を考えながら最善を尽く
　　すしかありません。全体に目を向けながら，今なすべきことを考える。
　　それが私たちの仕事です。

　　　発表者のフィードバックを教えてもらったところで，もっとこういう
　　形もあってもいいのではというディスカッションをしてみましょう。

B：実際には話し合われたのかもしれませんが，検査者が「心理検査を
　　受けて何がわかるといいですか」と質問すると，「気持ちが落ちこん
　　でしまって，何もしたくなくなるのが困ります」「仕事も嫌いではな
　　いし，辞めたくはない。職場の上司に怒られてばかりですが，失敗し
　　てしまうので仕方ない。私にだけ厳しいわけでもなくて，なぜ自分だ
　　け落ち込んでしまうのか」と話していました。これが Cl の知りたい
　　ことだとすると，これに答えることが大切だと思います。

講師：発表者のフィードバックは所見ベースになっていて，発表者がわ
　　かったことや，その中から依頼者の知りたいことを伝えていますが，
　　Cl の知りたいことに答える形をベースにして行うとより動機づけが
　　高まるので，そこから話し合うことも有効です。

発表者：短時間ですが話し合いました。私から「心理テストからは，何
　　もしたくなくなるというのは，疲れて何もしたくなくなるというより
　　も，どうしたらいいかわからなくて，結果として何もしたくなくなる
　　のでは？」と伝えると，「そうです。仕事がしたくないということで
　　はありません」と話していました。

154

講師：あまりピンとこなかった感じですか？

発表者：はい。私は仕事も人間関係も「どうしたらいいかわからなくなる」ことがポイントだと思っていたのですが，あまり伝わった感じがしませんでした。そのあたりをもっと話し合うべきだったのでしょうか。医師には心理面接は可能と伝え，導入予定でした。そこで，心理面接を勧めたのですが，自分が担当しないことがわかっていたので紹介程度にとどめました。

講師：自分が心理アセスメントを担当して，別の人が心理面接を担当することもあります。どこまでフィードバックで話し合うのかは難しいところですが，邪魔にならないように連携したいものです。発表者の職場ではフィードバックは1回ですか，もう少し時間を取りますか？

発表者：私の職場では1回です。

B：私もそうです。だからこそ，1回勝負でどこまでやれるかだと思っています。

講師：1回でどのあたりまでやりますか？

B：1回といっても50分の面接だとすれば，そこそこできます。私の所見に基づく提案になってしまいますが，うつ状態についてお伝えするのは発表者と同じです。そこから，CES-D の結果について「一人ぼっちで寂しいと思うことが多いとありましたが，どのようなときにそう思いますか？」みたいに聞いてみるかもしれません。CES-D の結果は，被検者が受け入れやすい情報なので，ここから始めると思います。

　Cl の返事によって，同僚や友だちとの人間関係で検査者と PDI で起きていたようなすれ違いがないかを確認します。例えば，「絵の説明で木の大きさを聞いたときに，小さいお寺の楼門と答えてくれたのですが，私はちょっとわからなくて。△△さんは，もしかして寺社ガールですか？　寺社仲間だとわかるのでしょうけどね。ちょっと私には難しかった。△△さんは話しが飛ぶ，と言われることはありませ

第Ⅱ部　事例検討会編

んか？」のような感じでしょうか。頃合いを見て「△△さんはわりと
ストレートな物言いをするタイプですか？」「わかってもらえなくて，
どうしてわからないかなあ，みたいに思うことはありませんか？」とも質問してみたいですね。そこから，「わかってもらえないと，イラっとしますよね」とか，「そんなときはどうするのですか？」とか話し合いながら対人関係の特徴に気づいてもらったり，「どうなるといいでしょうね」みたいに目標を考えてもらって，そのために心理面接をしてみてはどうですかと勧めてみるかもしれません。

A：寺社ガールって何ですか。それこそマニアックじゃないですか。

講師：そのあたりの言葉遣いには個性がでます。あくまでもきっかけです。Aさんみたいに，「何ですか」と言ってくれたり，ちょっと笑ってくれたら場が和みます。「ズケズケとモノを言う」とは言いませんが，突き詰めればそういうことを伝えるので，柔らかく伝えようというBさんの配慮がみえるやりとりです。本来はClの言葉を使うと自然なので，「いや，仏像女子です」と言って笑ってくれたら大成功。そこからは仏像女子のワードを使っていけばいいのです。

発表者：Bさんの雰囲気がでていて和やかなフィードバックですが，私はもっと堅い説明になっていました。テスト場面での言動をフィードバックに持ってくるのですね。「わからないことは質問してくれたので，そういうことができるのは大事だと思いました」みたいなことも伝えていいということでしょうか。

A：「絵は苦手だからと実を描かずに逃げましたね」とかも，言って大丈夫ですか？

講師：Aさんは検査者から真面目な表情で「逃げましたね」と言われたらどう思いますか？　苦手だから逃げたなと非難めいた雰囲気で伝わると，Clとしても受け入れ難いのではないでしょうか。その言葉を伝えるときのニュアンスというか，雰囲気に配慮することを忘れず

第4章 所見とフィードバック

に。何事も表と裏があります。例えば，「苦手なことを笑顔でさらっと切り抜けるスキルがありますよね，それも生きていくうえではとても大事なことです。でもいつもうまくいくとは限らないと思うのですが，それができないときはどうしていますか？」のように聞いてみるとか。私たちは言葉を使う専門家でもあるので，痛い所を突くような場合は，非難めいた雰囲気にならないように工夫したいものです。痛い所を突かれたけれども，たしかにそうだな，それをこんなふうにしていけばいいのかと Cl に思ってもらえるように，解決の見通しを含めて伝えるイメージです。

A：被検者を不用意に傷つけてしまうことのないようにということですね。B さんはよくそんなにスラスラと言葉が出てきますね。語彙力，表現力，さまざまなものが試される仕事なのだと実感しました。

発表者：表現力が求められる仕事ですね。B さんにもう少し聞いていいですか？ 「上司に怒られてばかりで」のあたりはどのように伝えるのですか？

B：「職場の上司に怒られてばかりとのことですが，上司はどのような人ですか？」とか「失敗して怒られるということですが，どんなことで怒られるのですか？」などと聞きながら，上司が怒るのは妥当なことなのかも聞いてみたいと思います。

A：私のイメージしていたフィードバックは心理テストの結果を伝えるものでしたが，こうなるともう心理面接です。

講師：フィードバックには心理面接の要素が含まれています。心理テストの結果を基に，B さんはさらなる情報収集をしています。もっと積極的にセッションを準備して介入すると治療的アセスメントになります。B さんのフィードバックは情報収集的アセスメントと治療的アセスメントの中間に位置すると言えるかもしれません。治療的アセスメントはこちらの技量が必要ですから，まずは B さんのように一緒に

157

第Ⅱ部　事例検討会編

　　話し合いながら，方向性を見出すことができるといいですね。

B：心理テストの結果から質問したいことがでてきたので，それを確認
　　しながら一緒に考えていこうという感じです。前回話題になったよう
　　に，上司に問題があるかもしれないし，Cl にミスが多いのであれば，
　　上司が怒るのは当然かもしれない。それによって提案が違ってきます。
　　もし，Cl にミスが多いようなら，知能検査を勧めます。「失敗して怒
　　られれば落ち込むのは当たり前です。あなたの得意や苦手を理解する
　　検査があるのでやってみませんか。失敗をしないための工夫を一緒に
　　考えてみませんか？」という感じですね。

A：「なぜ，自分だけ落ち込んでしまうのか」の部分はどうするのです
　　か？

B：Cl ばかりがたくさんミスをして，他の人はミスをしないのであれば，
　　Cl だけが落ち込むのもわからないではない。それは知能検査を実施
　　することで明らかになるかもしれません。あるいは，落ち込みやすい
　　思考パターンがあるのかもしれない。これは現段階ではわからないの
　　で，心理面接をしながら変えていけるかもしれないと提案します。も
　　しかしたら，「なぜ自分が怒られないといけないのか」と不満に思っ
　　ているけれども，そうは言えないので「自分だけ落ち込んでしまう」
　　と言っているのかもしれない。実はまだよくわかりません。

講師：「なぜ，自分だけ落ち込んでしまうのか」は Cl の疑問ですから，
　　ここが入り口です。そこからどのような流れにするかは，心理アセス
　　メントの結果と Cl の希望にもよります。

A：1 回でこれだけの内容が入りますか？

B：Cl が自分を振り返って話すことがあれば，それを聞く時間も必要で
　　す。あらためてフィードバックのセッションを取るかもしれないし，
　　もう少し省略して 1 回に収めるかもしれません。

講師：今の説明は，B さんが考えたフィードバック内容ということです。

158

第 4 章　所見とフィードバック

「仕事は嫌いではない」や「辞めたくない」という切り口から Cl の自己イメージや人間関係に発展させることもできます。真似しようとしても無理がありますから，発表者や A さんはそれぞれの切り口を考えて，自分の言葉遣いで伝えればいいと思います。その場で考えるのではなく，これを伝えよう，こんなふうに伝えようと検査者も準備をしておきましょう。この Cl にはどんなフレーズが心に響くだろうなどと考えながらプランを練るのは楽しい準備です。

検討会のポイント⑩　相手の立場で言葉を選ぶ

フィードバックでは，依頼者への所見とは別に被検者用の書面（被検者への手紙と呼ばれることもあります）を準備し，それを見せながら口頭で補足することが望ましいとされています。依頼者への所見も読み手を意識してわかりやすく書くことが求められますが，フィードバックの書面はそれ以上にわかりやすい言葉を選び，また自分の問題点が指摘される被検者の立場に立って作成することが必要です。

検討会では，フィードバックを口頭で行うのか，書面を作成するのかが話し合われています。数十年前の知能検査では IQ の数値を伝えることの是非が問われていましたが，近年ではプロフィールと数値を記載した書面を用いて説明するようになりました。インターネットを検索すると，心理テストで何がわかるのか，どのように読み取るのかなどの情報が溢れています。中には誤った情報も含まれていますので，被検者が翻弄されることがないように，できるかぎり書面を用いて検査者が丁寧に説明します。

ここでは B さんの口頭のフィードバックについて，振り返ります。フィードバック冒頭は Cl が受け入れやすい CES-D の結果から

第Ⅱ部　事例検討会編

始まり，さらにテスト場面での「小さいお寺の楼門」の説明を振り返りながら，「話が飛ぶと言われることはありませんか？」とClの特徴につなげています。Clは同僚に対して「なぜわかってもらえないのか」と思っている可能性があるため，「話が飛ぶ」という指摘は意外かもしれませんが，自分について異なる視点から眺めることができるかもしれません。このようにフィードバックは情報を提示する順番を考えて構成することが大切です。Bさんのように，「〜のようなことはありませんか？」と例を示すことで，Clがそれと似たような実際のエピソードを話してくれることがあります。野田（2018）は，テスト結果などの実証的なデータと本人の現実生活における具体的な体験についてのナラティブを縦糸と横糸のように織り上げていく作業を行うことによって，乾いた数値が本人にとって意味のあるものとなると述べています。Bさんの「寺社ガール」という投げかけに対し，Clは「寺社ガールではなくて，○○が趣味です」と話してくれるかもしれません。Clのエピソードや言葉を用いることができれば，フィードバックはClにとって具体的で現実的な話し合いとなります。Cl自身のエピソードを用いた説明は本人にとっても受け入れやすく，また気づきにつながりやすくなります。これまでに何度も心理テストの結果を日常につなぐことについて述べてきましたが，その最終形がフィードバックで行われるということです。

　フィードバックはテストの結果から理解できたことを伝えます。そしてそのことをClは自覚していたのか，納得できたのか，異なるエピソードがあるのかなど，自由に話し合います。その点で，発表者のフィードバックは，Clの反応を見ながら進められてはいるものの，心理テストで理解されたことを一方的に伝えるにとどまっています。それに比べてBさんのフィードバックは，Clの疑問に

沿う形で，心理テストの結果を説明したり，さらにどうしていったらいいのかを伝えていくことが想定されています。検査者の問いかけに Cl がどのように答えるかによって展開が変わりますから，残念ながらテンプレートのようなものはありません。助言するとすれば，できるだけ具体的に話し合うことです。そのために検査者は心理学だけでなく，遊びを含めてさまざまなことを体験し，関心を広げておきましょう。その体験が想像力の種になり，面接でも活かされます。

　フィン（Finn, 2007/2014）による治療的アセスメントでは，フィードバックは複数回のセッションが設定され，まさに「治療的」な関わりがなされます。発表者のようにフィードバック面接が 1 回しか設定できないとすれば，治療的であることを目指すよりも，フィードバックを自己理解のきっかけにしたり，今後の心理面接への動機づけとして位置づけるほうが安全だと思います。

3. 描画テストから心理面接へつなぐ

講師：今回の事例は，発表者が心理面接を担当しないということでしたが，担当する場合を想定してディスカッションをしてみましょう。本来は，フィードバックの内容を踏まえて心理面接の目標を決めるのですが，今回は検討会なのでそれにとどまらず，さまざまな可能性を考えてみます。ここまで描画テストを日常につなぐことを心がけてきました。今度は，描画テストを心理面接につなぐイメージです。

A：今度は描画テストを面接につなぐのですか？　ヒントをください。

講師：Cl の友だちや職場の人間関係について検討してきました。この問題を面接場面に置き換えてみるとどうなるでしょう。

A：面接でも，気になったことは質問してくれるかもしれません。でも，

第Ⅱ部　事例検討会編

　　　Cl の説明はわかりにくい。そして，苦手なことは笑顔で逃げる。
講師：そういう感じです。面接の枠組みなど，基本的なことで気になっ
　　　たことは質問してくれるかもしれません。そこに丁寧に答えることで，
　　　信頼関係を育んでいきます。また，心理面接では Cl の生活で感じた
　　　こと考えたことを何でも話してもらうとすれば，話が飛ぶなど，よく
　　　わからないことがきっと起きるはずです。そこですかさず，「今のお話，
　　　〈小さいお寺の楼門〉スタイルになっていませんか。もう少し丁寧に
　　　教えてくれないと，私には難しい」と繰り返し伝えていく。そうする
　　　と，自分にそういったパターンがあることに気づいていきます。相手
　　　に伝わる説明ができたときには「今の説明はよくわかりました」と伝
　　　えていく。そうすると日常生活でも変化が表れます。
B：描画テストでのやりとりが面接でも行われると考えると，Th が「こ
　　　れについてはどうですか」と聞いたとき，それが苦手な分野だとした
　　　ら笑顔で逃げるかもしれません。Th は「笑顔で逃げましたね，逃げ
　　　られちゃったなあ」なんて応じるのはどうでしょう。心理面接が進ん
　　　でいけば，Cl はあの〈鋭い枝〉を Th に向けてくるかもしれません。
　　　Th が Cl の話をうまく理解できないと，Cl がイライラしてきて怒り
　　　だすとか。
発表者：Cl と話した感じはそうでもなかったのですが，絵を見ている
　　　と『この枝とは手をつなげない』と思いました。最初はそうでもない
　　　けれども，本当に手をつなごうとしたときには，刺さるかもしれない
　　　というか，心理面接でこの人と手がつなげますか？
A：お二人の話がよくわからないのですが。
講師：会話としては少し奇妙な感じですが，B さんと発表者は木の姿に
　　　Cl の姿を重ね合わせながら，木の枝を Cl の手とみなして話をしてい
　　　ます。バウムテストではまさにその木の佇まいが被検者そのものの佇
　　　まいだと考えるので，二人の会話も専門家同士であれば成立するとい

162

うことですね。言葉では説明することが難しいニュアンスも「あの木の枝の感じ」ということで共有できます。A さんも木の姿を Cl の姿だと想像しながら，聞いてみてください。

B：心理面接の最初の頃は描画テストにおける言語レベルのやりとり，つまり PDI でのやりとりと同じようなコミュニケーションが行われると思いますが，Cl のベースにはあの木がある。一見，手がつなげそうな会話にみえても，実はトゲトゲとしていて手をつなぐことが難しそう。あの木の枝が，もう少しマイルドになるような心理面接が必要だと思います。

発表者：私は全体的評価のときから，用紙の上の部分の〈黒さ〉が気になっていて，あれがなくなることを心理面接の目標にしてはどうかと思います。鬱屈したような気分が収まっていくためにどうしたらいいか。

講師：他の指標も同じように考えてみましょう。地面の線によって分断されている地下と地上がつながっていくにはどうしたらいいか。Cl の感情がもっとスムーズに動きつつ，周りの人にむやみにぶつけないでいるためにはどうしたらいいか。そうすれば会社でのストレスも減っていくし，今の会社だけでなく Cl の人生にもプラスに働くのではないかと思います。

B：信頼関係ができれば，結構ズバッと言ってきそうです。

講師：描画テストを用いて心理面接で生じる Th と Cl の関係を予測できるという考えもあります。あの〈尖った枝〉がこちらに向いてくるかもしれないと心の準備をしておくと安心です。こちらも人間なので，自分の心を守るためにやり返したくなってしまう。だからこうやってアセスメントしておけば，『お，来たな』と冷静でいられます。面接では，Cl からグサッと刺されるようなことを言われても持ちこたえて，それがどういうことなのか，どうしたらいいのかを話し合っていきます。

163

第Ⅱ部　事例検討会編

A：これまで私の中では「検査はその人を知るためのもの」で止まっていた気がします。相手を知ることはもちろん重要ですが，それで終わりではなくて，Cl の役に立たなければ意味がない。

講師：心理面接を始めたら，ときどき心理テストを見返してください。せっかくの心理アセスメントを忘れてしまってはもったいない。当然のことなので，話題には出てきませんでしたが，心理面接では Cl の寂しい気持ちに共感することが前提です。言葉だけでなく，絵を見ていると Cl の鬱々とした気持ちが実感できます。そして，この木が中央にしっかり描かれているという Cl のエネルギーや安定感を信頼して，さまざまな介入がなされるでしょう。もう一点，「上司に怒られてばかり」のあたりはどうでしょうか。

B：もしかしたら「上司に怒られてばかり」という話題は，Cl の枝に示された攻撃性の投影かもしれません。そうでないかもしれません。もしかしたら，家族から怒られてばかりだったというエピソードが語られたり，面接が続けば「Th に怒られてばかり」と言うかもしれません。

講師：地面の線が重ね描きで強調されているので，その下に何かが押し込められている気がします。木の絵ですから，Cl の心の世界が投映されているといっても観念的すぎてわかりにくい。だから具体的なエピソードとつなぐ必要があるわけです。今回の描画テストでは，この地面の下の部分に隠された何かがあるかもしれない，というところまでしかわかりません。それを明らかにしていくのは心理面接の仕事です。

A：心理テストと心理面接がつながっているとすると，心理面接の経過に合わせて再テストをすると絵も変わっていくのでしょうか？

B：Cl の変化にともなって絵が変わっていくことを何度も体験してきました。私は面接の節目で再テストをするのですが，「ああなるほど，こうなったか」と思うときと，「ええ，こうなったんだ」と思うときがあります。良くなったと思って再テストをしたら，全然変わってい

164

第 4 章 所見とフィードバック

なかった，これは結構ダメージを受けます。

講師：Cl が変化すれば，絵も変わります。そうでなければ困ります。良くなったと思ったのに絵は変わっていない，それはショックですよね。ただ「思っていた絵と違った」という結果は描画テストの醍醐味でもあります。私たちに見えていない世界を見せてくれるのが描画テストだからです。心理面接を続けて Cl の気分や行動に変化はみられたけれども，やはり描画レベルで示されるようなパーソナリティとしては変わっていなかった。再テストを実施するときに，ここが変わっていそうだ，ここはまだ変わっていないかもしれない，とあらかじめ具体的に予想してみてください。がっかりしたり，逆にほっとすることもあると思いますよ。

検討会のポイント⑪　木の姿と Cl の姿を重ねあわせる

　心理アセスメントの依頼目的として，心理面接の適否を問われることがあります。心理面接への意欲がありそうだ，内省力があるので自己理解が深まるだろうなど，検査者は目的に合わせて心理面接が導入できそうか，できるとすればどのような面接が適切かを判断します。検討会ではもう一歩踏み込んで，面接でどのようなことが起きるのか，描画テストの解釈を心理面接につなげて考えています。

　発表者と B さんは面接の目標を Cl の絵の表現を使いながらディスカッションしています。みなさんも検討会でディスカッションする際に，実際に Cl と会っている検査者よりも，会っていない参加者のほうが自由に想像力を働かせ，そして冷静に Cl 像を理解できたという経験はありませんか。例えば，Cl に会っている検査者は，穏やかで笑顔の印象が強く残っているかもしれません。しかし，描かれた〈鋭い枝〉の木を Cl の姿に重ねながら，まさにこの木が Cl

165

第Ⅱ部　事例検討会編

そのものであると考えてみます。そうすると表に見えている Cl の様子に引っ張られずに，Cl の心の世界だけを想像することが可能になります。さらにその応用として，心理面接の目標にも木のイメージを利用します。現在はこのようになっている木が，将来このようになれば Cl の主訴が解決するのではないかと考えてみるということです。このような解釈ができるためには，事例を通して「被検者はまさにあの木そのものだった」という体験を重ねることが必要ですが，検査者は木のイメージを心理テストだけでなく，心理面接にも活用していきたいものです。

　また，心理面接を行っている人は，折をみて絵を振り返ることをお勧めします。言語的面接の中でも，非言語的情報としての「絵」を意識することで，表面的な言葉の世界に流されない面接になります。木の姿と Cl の姿を重ねてイメージすることは初学者には難しいかもしれませんが，そもそもバウムテストは木の姿が人の姿に似ているという着想から始まりました。ぜひ「この木が Cl だとしたら」と考えてみてください。

4.　事例検討会を終えて

講師：さて，描画テストの解釈過程を学ぶ検討会でしたが，みなさんの感想を教えてください。

発表者：自分の事例を検討してもらって，新鮮でした。今回は提示しませんでしたが，自分の所見を読み返して硬いなと思いました。それに，絵の特徴を拾って羅列するのではなく，Cl 像を浮き彫りにする，心理面接につなぐなど，あらためて考えることがたくさんありました。自分が心理テストだけでなく心理面接も担当する場合もあるので，絵を面接に活かしていきたいと思います。

講師：心理面接も担当すると，「描画に表れていた○○は，面接のこれのことだ」としっかりつながっていきます。絵という非言語で表されたCl像は，解釈を通して言語に翻訳され，さらに面接の中で具体的な行動や症状と結びつけて話し合われます。これが描画によるアセスメント，心理面接に活かすアセスメントです。

発表者：描画テストにはCl像や，これからどのように面接が進んで行くのか，どのような支援が必要なのかを考えるためのヒントがたくさん詰まっていました。だからこそ，丁寧に見ていくと同時に，バウムテストはバウムテスト，面接は面接と分けるのではなく，二つをつなげて見ていくことが大切なのだとわかりました。

B：絵には面接では語られないこと，語り切れないことが出てきたり，さらにCl自身も気づいていないことが出てきます。この点を考えたときに，自分の目の前にある絵をいかに活用していくかが，心理支援において本当に大切だと思いました。

講師：心理テストと心理面接を分けるのは奇妙です。特に心理面接の適否の判断を目的に心理テストを実施しているならば，なおのことです。絵も面接もその人が表れているはずです。バウムテストなら木に表現される水準，面接で語られる水準，それぞれの水準を意識しながら情報を整理することが大切です。みなさん，自分が担当しているケースの心理テストをもう1回読み直してみてください。心理テストで捉えていた，所見に書いていた，それなのに心理面接に活かされていないことはありませんか。もし活かされていないなら，それは検査で解釈した内容が自分で理解したものではない，自分の言葉で書いたものではないからです。心理面接は密室の世界になりがちです。カンファレンスでディスカッションできればよいですが，それが無理なら心理テストの情報を用いて確認する，いわば第三者の視点を入れることを考えてみてください。

第Ⅱ部　事例検討会編

発表者：他の方の解釈を聞いて「自分はPDIの情報に過剰に惑わされていた」と自分の癖に気がつきました。あとは，テキストを読んだり，論文を読んだりして勉強してはいるのですが，最終的には身をもって知ることが一番自分の中で理解できるのだと思いました。

B：今回の検討会で，言葉と絵の関係についていろいろと考えさせられました。言葉を鵜呑みにしてはいけないし，けれどもClの説明も聞いてみたい。なんとも難解な世界です。

A：難しいけど，面白いと思いました。絵に含まれているさまざまな情報がわかるようになりたいと思います。

発表者：自分らしい言葉で，かつ読み手に伝わりやすい言葉を選ぶことの難しさも感じました。表現を受け取る力だけでは足りなくて，自分が表現者でなくてはいけないとあらためてわかりました。表現力はどうやって磨けばいいのでしょう？

講師：描画テストの解釈には，感じ，考えて表現するスキルが求められます。そして，解釈としてアウトプットするためには，日ごろからいろいろな表現をインプットしていくことが必要です。インプットするものは心理学でなくても，小説でもいし，人の話でもいいです。いろんな言い回しをストックしておくといいかもしれませんね。あとは文章を書くときに，国語辞典や類語辞典を活用することです。この言い方よりも，ぴったりする言葉はないかと探す。最近は所見やフィードバックについての本も増えました。そこに出てくる所見を読んで，自分が被検者像をイメージできるのか，自分ならどう書くか，勝手に添削するのもいいかもしれません。描画テストの解釈は一つの技術です。技を磨いて，実戦で活用してください。

第 4 章　所見とフィードバック

覚書

・非言語的表現を軸とした描画テストの所見作成では，抽象的な言
　葉で表された解釈仮説を日常的な言葉に置き換える力が必要で
　す。
・依頼者や検査者が知りたいことと，被検者が知りたいことは異な
　るかもしれません。それぞれのニーズに合わせた所見，フィード
　バックを作成しましょう。
・心理テストは心理面接の方針を決めるためにも役立ちます。描画
　テストにおいても，絵の解釈を行った上で，この絵がどうなって
　ほしいのかと考えながら，方針を立ててみましょう。

初学者のための補講

　今回の検討会の発表者は心理専門職の資格を取得して 3 年目，B さんは資格を取得して 10 年が経ち，描画テストの経験も豊かなベテランでした。大学院修士課程 1 年の A さんにとっては刺激的な体験であったと同時に，「自分にできるだろうか」との思いも強まったようです。この不安は経験の少ない人に共通した，いわば誰しもが通る道なのですが，後日 A さんと振り返りの機会を持つことにしました。ここではその内容を Q & A 形式にまとめて紹介します。

Q1：描画テストの勉強を始めるとしたら，バウムテストからですか？

A1：特にどのテストから勉強したほうがいいということはありませんが，バウムテストは利用頻度の高いテストです。少し古いですが心理検査の利用頻度（小川，2011）では，バウムテストが知能検査を抑えて第 1 位になっています。現在は知能検査より使用頻度が高いとは思えませんが，他の描画テストに比べてバウムテストの利用頻度は高いと思います。課題として描きやすいということもありますし，描画テストの中では幅広いパーソナリティの特徴を捉えられるということ，臨床事例の報告，研究論文，テキストも多いので普及したのだと思います。求人票の職務内容に他の描画テストの名前をみたことはありませんが，バウムテストの記載があるものは時々みかけます。描画テストは目的に合わせて使い分けることが必要ですが，特にこの描画テス

トに関心がある，というのでなければバウムテストから勉強を始める
のもよいと思います。

Q2：どうしたら仮説が立てられるようになりますか？

A2：仮説はその名の通り，仮の説です。だから，いろいろなことを思
いつくことが大切です。私が参加した心理面接の研修会では，「仮説
を立ててみる練習題」という実習がありました。「資料は何回でも読
み返して，読み取れるものは読み取ってみよう」という積極的姿勢を
持つ。自分の感じた直観や感情を軽視せず，「仮説は修正するために
ある」と心得てまずは「思いつき」を並べることから始める。それが
すなわち仮説である。それらは面接経過をみながら検証し，必要であ
れば修正して再構築する。このような訓練を積めば，少しずつ的確な
仮説が立てられるようになる。そう教えてもらいました。A さんは
大学院生で，検討会の参加者ですから，間違っていたらどうしようと
不安にならずに，気になったことをどんどん仮説にしていけばいいと
思います。とはいっても，今度はそれが「なかなか思いつかない」と
言うかもしれません。たしかに，「思いつく」ためには，基礎的な知
識が必要です。うつ病に関連する生物－心理－社会的要因にはどのよ
うなものがあるのか，家族の機能や職場で働くために必要なスキルな
ど，必要な知識は広範囲にわたります。知識が増えると徐々に仮説が
立てられるようになります。しかし，知識だけあっても宝の持ち腐れで
すから，積極的に読み取ろうという姿勢が一番大切なのだと思います。

Q3：描画テストを「受けたくない」と言われたらどうしたらいいですか？

A3：いろいろな状況があると思うので一概には言えないのですが，「受

けたくない」と言われたらテストは実施できません。無理やり描かせることはできないし，無理やり描いてもらったとしても十分な解釈や支援につなげられないと思います。そこで仕切り直しです。「受けたくない」「そうですか」と引き下がるのではなく，「受けたくない」理由を話し合って考えてみることです。心理テスト全般に拒否的・消極的なのか，描画テストだから受けたくないのか，状況を整理しながら「受けたくない」理由が何かを明らかにします。精神病のレッテルを貼られるのではないかといった不安があるのかもしれませんし，子どもの頃からの絵を描くことへの劣等感があるのかもしれません。まずは，検査者が被検者の「受けたくない」気持ちに共感し，受容することです。そのやりとりはインフォームドコンセントの役割を果たし，被検者も心理（描画）テストを実施する必要性を理解してくれるかもしれません。心理テストの前のさまざまなやりとりが，検査者と被検者のラポールを築き，むしろ積極的にテストを受けてくれるかもしれません。そのうえで，どうしても「受けたくない」と言われたらテストはしないと思います。そういったことを意識しているせいか，私の経験では「苦手です」と言われることはあっても，完全に拒否されたことはほとんどありません。描画テストを導入して，被検者は一生懸命に描こうとしてくれたけれども「描けません」と言われて，テストを終了したことはあります。これは「描けない」ことそのものに意味があったと思っています。描画テストは「絵を描く」ことだけではなく，その前から始まっているのです。

Q4：全体的評価の苦手意識はどうすれば克服できますか？

A4：仮説を立てることが難しいと感じている理由と同じかもしれません。「こんなことを言ったらおかしいと思われるのではないか」とい

う不安があると，「絵を見て何も浮かばない」という状態に陥ります。芸術療法のようですが，成長するためには自分の意見が尊重される守られた安全な空間としての「場」が必要です。私は尊重しているつもりでも，参加者からするとどうしても「変なことを言っていないか」と思ってしまうかもしれないので，友だち同士でやってみることをお勧めします。

　どのように全体的評価をしているのか，あえて説明するなら，私の場合は何か一つの特徴や場所に囚われず，自覚的にはふわっと全体を見ているような感覚です。しかしアイトラッカーで私の視線の動きを分析したら，絵のあちこちをさまよっているのかもしれません。そうしているうちに浮かんでくるというか，口をついて出た言葉が究極の全体的評価だと思っています。

　よけいに難しくしたかもしれませんね。Aさんも映画を観て「面白かった」と思ったことがありますよね？　それも全体的評価です。映画には起承転結があって，楽しい場面も悲しい場面もあったけれども，一言でいうとすれば「面白かった」が一番近い。全体的評価とはそういうことだと思います。全体的評価は特別のことではありません。しかし，描画テストの全体的評価をしようとすると身構えてしまう。そもそも1枚の絵なので，映画に比べると動きもないから情報量は極端に少ない。絵の中には明確なストーリーもありませんから難しく感じてしまうのではないでしょうか。まずはたくさんの絵を見て慣れることです。そして，じっくりと絵と向き合って，いくつかの形容詞を当てはめてみてもどうにもしっくりこない場合，「何も感じられない」のではなく，「何も伝わってこない」ことがまさに全体的評価なのかもしれません。そういった場合は，無理に言葉にしようと焦らずに，自分の感覚を信じてみましょう。

　以前にローマー（Lohmar, 2014）による「数学における非言語的思

初学者のための補講

考」という論文を読んだことがあります。数学でも定理を証明する過程に非言語的思考，つまりはひらめきのようなものが必要だとありました。全体的評価は解釈のひらめきのようなものです。ひらめきが定理を証明する糸口になるように，全体的評価は客観的な分析の手掛かりを示すものです。全体的評価への苦手意識を克服して，描画テストの解釈に役立ててください。

Q5： ディスクリプションとバウムテストの整理表をチェックする方法との違いは何ですか？

A5： 今は絶版になったようですが，国吉ら（1980）のバウム・テスト整理表は最近まで研究でも活用されてきました。また，最近のものでは阿部（2019）にバウムテスト分析表が掲載されています。こうした整理表・分析表を用いて解釈する指標アプローチも一つの方法です。しかし，どうしても項目をチェックするという感覚になってしまいます。そうすると，項目として掲載されていないものは見落としてしまうかもしれません。そして初学者の場合，絵から整理表に置き換えてしまうと，絵を見ずにチェック項目だけが独り歩きした解釈になってしまうことがあります。当たり前のことなのですが，描画テストは絵から離れた解釈は意味がありません。整理表に頼りすぎると，そういった奇妙な現象が起こります。さらに描画テストの指標を構造的にまとめるという過程につながりにくいとも思います。チェックした項目をピックアップするだけでは立体的な解釈にはなりません。

　岸本（2009）は，コッホが描かれたバウムを丁寧に言葉にしていくことを解釈の出発点とし，優れた記述はそのまま解釈となると考えていたと紹介しています。木の部位の役割や機能を意識しながら，それがどうなっているのか，だからこうなのではないかと解釈できればとても自然な解釈になると思います。コッホのような解釈を目指して，

175

Aさんもまずは模写やディスクリプションを行いながらじっくりと絵全体と向き合って下さい。そのあとで整理表を使ってみてはどうでしょうか。

Q6：Cl に自由に話してもらえるための配慮は心理面接と同じですか？

A6：その通りです。心理面接でも Cl に自由に話してもらうために，オープンクエッションを使ったり，クローズドクエッションを使ったりしますよね。「空が黒いですが，夜ですか？」のところは，夜だと思ったのは A さんです。もしかしたら違うかもしれない。だから「空のところについて教えてもらえますか？」のようなオープンクエッションや「空を黒くされましたね」のように Cl の絵を検査者が言葉にして繰り返すようなイメージで声を掛けるといいと思います。そうすることで Cl はもう少し話してくれるかもしれないし，話してくれないかもしれない。話してくれなければ深追いはしません。

　Q3でもテストを受けたくない気持ちに共感し，受容すると述べました。心理テストも心理面接も臨床心理学的援助ですから基本的な態度は同じです。違うとすれば，心理面接は洞察や変化を目的としていますが，PDI ではあくまでもその絵について教えてもらうこと，Cl を理解することを目的としています。PDI や絵を描くことそのものに治療的効果があるという話もしましたが，あくまで結果的にそうなるということであって，初めからそれを目的にしているわけではありません。このように整理すると，PDI でどのような声掛けが適切なのかがわかってくるのではないでしょうか。

初学者のための補講

Q7：どうしても絵よりも PDI を優先して解釈してしまいます

A7：A さんだけでなく，絵よりも PDI を優先した解釈をよく見かけます。
A さんはどうして PDI を優先してしまうのか，考えてみてください。
私が思うに，PDI つまり言葉の説明のほうがわかりやすい，解釈や所
見の根拠として挙げやすい，さらには絵から自分が考えた解釈よりも，
「被検者がそう言ったのだから」と言い逃れしやすいからではないで
しょうか。

　もともと私たちは言葉でのコミュニケーションに馴染んでいま
すが，言語の本質は意味を表現することにあります（今井・秋田，
2023）。つまり Cl の「青空の草原に生えている木です」という説明を
聞いたとき，私たちは「青空」や「草原」の言葉の意味を共有してい
るので，とても理解しやすいのです。一方で絵のようなイメージは言
葉以前のもので（河合・鷲田，2010），多義的でもあるし，自分で考
えないと意味がわからない。考えたとしてもそれが合っている確証は
ありません。このように，言語とイメージを天秤にかけると，最初は
どうしてもわかりやすい PDI が優先されてしまいます。しかし，私
たちが実施したのは無意識的で言葉以前の多義的な意味を含む描画テ
ストなのです。このあたりをまとめて私はよく「言葉は強い」「言葉
に引っ張られてはいけない」と指導しますが，解釈のときには言葉に
ならない Cl の表現を受け取るという描画テストの基本に立ち戻るこ
とです。「絵の解釈よりも PDI が優先しているかもしれない」と自覚
できているのですから，言語とイメージの天秤が釣り合うように，自
分の注意を配分しましょう。

　絵と PDI の関係について面白い本を見つけました。『絵のうら側に
言葉の糸を通す』というタイトルの本で（鴻池，2020），著者はお裁
縫を芸術の手法の一つとして用いていました。そこでは，絵や文字を

177

書く場合は画面を水平移動する行為であるのに対し，針と糸の場合は画面を突き刺して裏側に出て向こう側の世界を見て，また表に戻ってくる，それがお裁縫の面白さだと述べられていました。タイトルについての詳しい説明はないのですが，お裁縫のイメージがタイトルになっているのだろうと推測しました。描画テストにおいても，「絵のうら側に言葉の糸を通す」というイメージを持ってみてはどうでしょう。私は無意識的な絵の世界と意識的な言葉の世界（PDI）を紡ぎ合わせることで，表と裏，意識と無意識を行ったり来たりできるような気がしています。だからこそ，無意識的な表現を扱う描画テストにおいても PDI を大切にしています。

Q8： 先生や先輩の意見をきくと，自分の意見がなくなっていくような気がします。

A8： 初学者は初めての事態にまず参考にできるものを求める気持ちが強く，自分たちよりも経験のある者から提示されたものは，慎重に判断することなく，良いものだと鵜呑みにしてしまう素直さが良くも悪くもあるといわれています（稲月・隈元，2020）。A さんもこの時期にいるということでしょう。しかしそこから脱するために，あえて考えてみましょう。A さんは，①自分の意見があったが，自分の意見よりも先生や先輩の意見のほうが納得できたので，自分の主張を取り下げたのか，②なんとなく自分の意見はあったが曖昧で，先生や先輩の意見をきいているうちに，自分もそう思っていたのかもしれないと思ってしまったのか，どちらでしょう。①なら問題はありません。先生や先輩の意見も情報の一つとして検討し，そちらがより納得できたので採用しただけです。しかし，②のように自分の考えが明確でないために，納得できないまま，結果として人の意見に乗っ取られてしまったらそれは自分の解釈や所見ではありません。これは先ほどの絵

と PDI の関係と同じだということがわかりますか？

　自分の考えが曖昧なので，明確に言葉で表現された先生や先輩の意見が優先される。この現象はテキストとの関係でも生じます。私は心理アセスメントの授業を担当していますが，提出された所見の内容について「これはどういうことですか？」と聞くと，「テキストに書いてあったので」と返事をする学生がたくさんいます。まるで「テキストに書いてあったので私の責任ではありません」といった素振りで，自分が所見の作者だという自覚がありません。テキストの引用であっても，先生や先輩の助言でも，最終的には自分の言葉で表現します。A さんの名前で提出する所見の責任は A さんにあります。

　オリジナリティについて原野（2021）は，パブロ・ピカソの「Good artists copy, great artists steal」というフレーズを紹介しています。所見の文脈で説明するならば，テキストや先生や先輩の解釈を単にコピーするのではなく，そのエッセンスを盗んで自分のものとして落とし込む，それができてこその専門家であるということです。解釈や所見作成の基礎を学び始めた時期には copy も役立ちますが，いつまでも copy では駄目だということです。専門家になるためには，描画テストのテキストを読むだけでなく，臨床心理学はもちろんのこと，病跡学，表現病理学，美術，文学など貪欲に学んでいく姿勢を持ってほしいですね。

Q9：フィードバックによって CI が傷つくことはないのでしょうか？

A9：とても大事な視点です。投映法は本人が十分に自覚していない深い層を捉える検査です。そのため，精神分析治療での「早すぎ深すぎる解釈」（馬場，1997）と同じように，被検者を不安にさせない注意や工夫が必要です。フィン（2007/2014）は情報をどのような順番で

提示したらよいかを検討し，レベル1からレベル3に整理したことは講義編で述べた通りです。

　Aさんにとって「Clが傷つく」行為は何なのか，Aさんが何を恐れているのか，あらためて考えてみてはどうでしょう。「傷つく」という言葉は「完全でなくなる」という意味です。Clの欠点をあげつらえば，Clは傷つきます。Aさんは成長のために，自分の欠点も乗り越えていかなければならないとしたら，どのように伝えてほしいですか？　たとえ欠点であっても「あなたには◎◎の特徴があるようで，だから○○のような問題が起きているのではないかと考えています。そこで□□のようなことはできますか？　□□でなくても△△でもいいし，どういったことなら工夫できそうですか？」と問題点と解決法をセットにしながら真摯に伝えられたら，頑張れそうな気がしませんか。これはClも同じです。Clも欠点を指摘されたと思うかもしれませんが，このように伝えられれば，欠点を理解したうえで検査者が一緒に考えようとしてくれている，支えてくれているという信頼感を抱くのではないでしょうか。つまり，「これを言ったら傷つくのではないか」ではなく，「これをどのように伝えたらClの役に立つだろうか」という視点で考えてみてください。そして完璧なプランを示そうと思う必要はありません。そもそも完璧なプランなどありませんし，良いプランでも押しつけるとうまくいきません。一緒にプランを立てるためのたたき台を準備するイメージです。

　フィン（2007/2014）はClの知りたいことや困っていることを「開かれた門」と呼び，そこに関連させることで，下手をすれば打ちのめされてしまうような情報であっても伝えることができると述べています。とはいっても，フィードバックはその場のClの言葉を受けて瞬時に判断し，日常生活につなげながら，心理面接への動機づけを高めるなど臨機応変な検査者の態度が求められる面接です。津川・篠

初学者のための補講

竹（2010）は「検査結果のフィードバックは上級者コースの業務」と呼んでいますが，臨床現場に出れば初級者でもフィードバックをしなければなりません。最初は誰もが初心者です。検査結果だけでなく，フィードバック内容についても指導を受けながら，経験を積んでいくしかありません。

Q10：どうすれば描画テストの解釈や所見，フィードバックが上達しますか？

A10：描画テストの解釈，所見，フィードバックだけが上達するというよりも，全般的な臨床心理学の知識，技術の向上と連動するのだと思います。心の仕組みが理解できることで指標をまとめやすくなります。フィードバックに関しても，心理面接の訓練をすることによって自然とフィードバックも上達します。しかし，これは究極の質問，難問です。答えがないことはわかっていても，聞いてみたいということでしょう。Ａさんは，描画テストは好きですか？「好きかどうかもよくわからない」というのが正直なところでしょうか。

　どうすれば描画テストが上達しますか？　との問いにあえて答えるなら「描画テストを好きになること」です。「凄い」「面白い」という体験をすることと言ってもいいでしょう。「面白い」と思えば描画テストをどんどん使ってみたくなる，そうすれば多くの絵を見る機会が得られ，絵を描いた人の話を聞くことができます。そうすると心理アセスメントを組み立てる際にも，まずは「このClはどのような絵を描くのだろう？」と思うようになり，描画テストを実施し，そして「なるほど」あるいは「なぜだろう」とさらに考えるようになります。実施した事例のスーパービジョンを受ければ，一人では理解できなかった描画テストの可能性を実感し，ますます描画テストが面白くなって，描画テストの研修会に参加し，そこで教わった描画テストの本や論文

181

を検索したくなる。知識・実践・研修が雪だるま式に増えると上達します。何かを極めるための原点は「好き」ではないでしょうか。Aさんはまだまだこれからです。描画テストが「好き」「面白い」と思える体験ができるといいですね。

おわりに

　私は大学院で公認心理師や臨床心理士の養成に携わっていますが，学部生の授業も担当しています。私のゼミは「言語的表現と非言語的表現を培う」ことを目標に活動しているため，毎回のゼミは「今の気持ち」や「言葉」を色や形を用いて抽象的に表現することから始まります。あるとき描画テストの授業をすると学生たちが異口同音に「難しい」と感想を述べました。私はみんなに何が難しいのかを尋ねましたが，あまり説明してもらえませんでした。そこで「難しいを描いてみてくれますか」と非言語的表現を用いて教えてもらうことにしました。すると，画用紙がほぼ白いままの「何も浮かばない」系と，線がさまよってぐちゃぐちゃになる「こんがらがる」系の絵に分かれることがわかりました。

　そこで「何も浮かばない」系の人には何かが浮かぶように，たとえをふんだんに使いながらモデルを示し，引き出しを増やしてもらうことを考えました。描画テストの解釈で「何も浮かばない」状況は全体的評価のときに生じます。そこで，全体的評価を身近な食レポにたとえたり，実際のお菓子を味わってもらいながら，「同じように絵を味わうためには何をすればいいでしょうか」と考えてもらうワークを取り入れるなど，迷走しながら試行錯誤を重ねました。お菓子も絵も味わうことを重視した全体的評価の試みであるにもかかわらず，学生のコメントは分析的な表現が多く，まさに全体的評価と形式分析が一体であることを実感しました。この経験は，全体的評価を支えるものとしての形式分析・内容分析の位置づけを理解することにつながりました。

また，描画に関する研修会で講義をさせていただいたときには，講義のあとに「やっぱり，どうしたらいいのかはわからない」という感想を聞くことがありました。この人たちはおそらく「こんがらがる」系の人たちです。そこで，できるだけ手順を示して何をどうすればいいのかを伝えることにしました。昔から「絵に文法はない」と言われています。「絵を描くプロセス」にはさまざまなものが入り混じり，文法がないからこそ表現できることもあると思います。しかし，「絵を読むプロセス」には多少の文法がなければその意味を理解することはできないとも思えました。

　そこで生まれたのが，文の統語構造のように筆圧を必須成分とし，他のものは随意成分と位置づけた絵を読むための文法を作るという発想です。もう一つは数式として構造をイメージする試みです。最初は描画指標の足し算をイメージしていたのですが，より融合的な掛け算のイメージを使うことにしました。本書の執筆に合わせてコアイメージを整理していたところでもあり，コアイメージなら演算ができるのではないかと思いました。読者の中には「描画指標を演算する？」と狐につままれたような気分になった人もおられたかもしれませんが，イメージ先行型の私らしい発想だったと思います。読者のみなさんも，羅列的な解釈から脱却すべく，コアイメージを使って，指標をまとめてみてください。

　第Ⅱ部の事例検討会は実際の検討会の再現ではなく，実際には質問しないようなことまで参加者に発言してもらいました。特にＡさんには「そう言われてもわからない」という初学者の『心の声』を代弁してもらったつもりです。Ａさんのような初学者の疑問は比較的簡単に解消します。むしろ，「この事例の解釈はこれで合っているのか」と逡巡する段階が長いのかもしれません。残念ながら，この悩みの解決法は実践的な訓練しかありません。事例検討会に参加して，自分の解釈と他の参加者の解釈を比較し，「この解釈で合っていた」と思える経験を積むことで，自信をもって解釈できるようになります。そして，事例検討の機会がな

184

おわりに

くても，臨床事例の論文を練習問題のように利用するのはどうでしょうか。まずは自分で解釈し，そのあとに筆者の考察と比較するという方法もあるかもしれません。解釈や所見に必要なのは技術です。練習すれば確実に上達しますから，「あの人に心理アセスメントを頼みたい」と思われるような心理職を目指したいものです。

　30年前にロールシャッハ・テストの自動診断システムが発表されたときは，いつか所見を書くことはなくなるのだろうかと思っていました。2023年はChatGPTが大きな話題となりました。10年ほど前から描画の画像解析を行う論文をぽつぽつと目にするようになり，描画テストも解析ソフトに絵を読み込めば解釈される時代が来るのだろうかと頭をよぎりました。しかし，それが主流にはならないだろうと思っています。なぜなら，臨床において描画テストを用いる人は，単に解釈が知りたいのではなく，絵を見ることそのもの，まさにグラフィックコミュニケーションに魅力を感じ，絵を通してクライエントと関わりたいと思っているからです。臨床心理学がすべてを数値化する方向に進むのではなく，数値にならず，言葉にもならない心の世界を大切にする学問であってほしいと思っています。

　最後になりましたが，金剛出版の弓手正樹氏には無謀な企画を実現するために，さまざまな助言をいただきました。心よりお礼を申し上げます。また，実際の事例検討会に参加してくれたみなさんとのやりとりから多くの発想を得ました。架空事例を作って架空ゼミを展開させるという私の企画が実現できたのも皆さんのおかげです。ありがとうございました。そして本の執筆を勧め，すべてにおいて支えてくれた家族に感謝します。

　2024年　春を待ちながら

馬場史津

文　　献

阿部惠一郎（2013）．バウムテストの読み方．金剛出版．

阿部惠一郎（2019）．バウムテスト Q & A．金剛出版．

Buck, J.N.（1948）．The H-T-P technique: A qualitative and quanuitative scoring manual. Journal of Clinical Psychology, 4, 317-396. 加藤孝正・荻野恒一（訳）（1982）．HTP 診断法．新曜社．

馬場禮子（1997）．心理療法と心理検査．日本評論社．

馬場史津（2005）．母子画の基礎的・臨床的研究．北大路書房．

馬場史津・松田凌（2022）．描画テストの解釈過程——解釈の基礎と所見．中京大学心理学研究科・心理学部紀要，21（1），37-43．

馬場史津（2023）．心理検査の所見を書く——描画テストを中心に．中京大学心理学研究科・心理学部紀要，22（1），11-18．

Bolander, K.（1977）．Assessing personality through tree drawing. Basic Books. 高橋依子（訳）（1999）．樹木画によるパーソナリティの理解．ナカニシヤ出版．

朴和美（2008）．通訳の多様性をめぐって——道化に戻って．異文化研究，2，177-182．

Cooper, J.C.（1978）．An illustrated encyclopaedia of traditional symbols. Thames and Hudson Ltd. 岩崎宗治・鈴木繁夫（訳）（1992）．世界シンボル辞典．三省堂．

Fernandez, L.（2005）．Le test de l'arbre: Un dessin pour comprendre et interpreter. Collection PsychPocket. 阿部惠一郎（訳）（2006）．樹木画テストの読みかた——性格理解と解釈．金剛出版．

Finn, S.E.（2007）．In our clients' shoes: Theory and techniques of therapeutic assessment. Lawrence Erlbaum associates. 野田昌道・中村紀子（訳）（2014）．治療的アセスメントの理論と実践——クライアントの靴を履いて．金剛出版．

藤掛明（2007）．描画における相互作用性．臨床心理学，7（2），181-187．

藤中隆久（2008）．バウムテストを使用した二つの事例研究．心理臨床学研究, 26（2），184-192．

藤田令伊（2015）．アート鑑賞，超入門！——7 つの視点．集英社新書．

藤田裕司 (1990). バウム・テストにおける表現病理 (3)――「メビウスの木」について. 大阪教育大学障害児教育研究紀要, 13, 17-24.

Gillespie, J. (1989). Object relations as observed in projective Mother-Child Drawings. The Arts in Psychotherapy, 16, 163-170.

Gillespie, J. (1994). The projective use of mother and child drawings: A manual for clinicians. Brunner/Mazel. 松下恵美子・石川 元 (訳) (2001) 母子画の臨床応用-対象関係論と自己心理学. 金剛出版

Goodenough, F.L. (1926). Measurement of intelligence by drawings. World Book Co.

Hammer, E.F. (1958a). Recent variations of the projective drawing techniques. 391-438. In E.F. Hammer, The clinical application of projective drawings. C.C. Thomas.

Hammer, E.F. (1958b). The Prognostic role of drawing in the projective battery. 628-634. In E.F. Hammer, The clinical application of projective drawings. C.C. Thomas.

原野守弘 (2021). ビジネスパーソンのためのクリエイティブ入門. クロスメディア・パブリッシング.

原沢伊都夫 (2016). 日本人のための日本語文法入門. 講談社.

日比裕泰 (1986). 動的家族描画法 (K-F-D)――家族画による人格理解. ナカニシヤ出版.

日比裕泰 (1994). 人物描画法 (D-A-P)――絵にみる知能と性格. ナカニシヤ出版.

Huber, J.T. (1961). Report writing in psychology and psychiatry. Harper and Brothers. 上芝功博 (訳) (2009). 改訂 心理学と精神医学の分野での報告書の書き方. 悠書館.

今井むつみ・秋田喜美 (2023). 言語の本質――ことばはどう生まれ, 進化したのか. 中公新書.

稲月聡子・隈元みちる (2020). 心理検査のフィードバックにおける「協働的」やりとりを初学者にいかに教えるか――親との協働的な WISC-Ⅳ の結果のフィードバック面接 Collaborative WISC-Ⅳ Feedback with Parents の講習会の実践から考える. 日本福祉大学心理臨床研究センター紀要, 15, 17-26.

石井雄吉・藤元祥子 (2017). 樹木画テストにおける教示方法の違いが実の出現率に及ぼす影響. 心理臨床学研究, 35 (4), 422-426.

石黒圭 (2016). 語彙力を鍛える――量と質を高めるトレーニング. 光文社.

石川元 (1985). 雨中人物画法. こころの臨床ア・ラ・カルト, 11, 43-49.

伊藤幸江(2017). 所見の書き方. 馬場禮子(編著). 力動的心理査定——ロールシャッハ法の継起分析を中心に. 209-220. 岩崎学術出版社.

片桐弘明 (2010). バウムテストの実践——精神科領域. 臨床心理学, 10 (5), 680-683.

加藤美智子 (2010). バウムテストの実践：学生相談——〈私〉を受け取る助けとしてのバウム. 臨床心理学, 10 (5), 692-695.

加藤志ほ子・吉村聡 (編著) (2016). ロールシャッハテストの所見の書き方——臨床の要請にこたえるために. 岩崎学術出版社.

川嵜克哲 (2018). 風景構成法の文法と解釈——描画の読み方を学ぶ. 福村出版.

香月菜々子 (2009). 星と波描画テスト——基礎と臨床的応用. 誠信書房.

香月菜々子 (2013). 星と波描画テストの解釈における留意点：初学者と熟練者の着目点の比較を通じて. 人間関係学研究, 15, 201-215.

河合隼雄・鷲田清一 (2010). 臨床とことば. 朝日新聞出版.

川﨑惠里子(編著)(2014). 文章理解の認知心理学——ことば・からだ・脳. 誠信書房.

岸本寛史 (2002). バウムの幹先端処理と境界脆弱症候群. 心理臨床学研究, 20 (1), 1-11.

岸本寛史 (2009). 文脈とプロセスへの配慮. 竹内健児 (編). 事例でわかる心理検査の伝え方・活かし方. 86-95, 金剛出版.

岸本寛史(2015). バウムテスト入門——臨床に活かす「木の絵」の読み方. 誠信書房.

清島恵・古賀聡(2021). アルコール使用障害者への心理検査フィードバック・セッションの活用可能性. 心理臨床学研究, 39 (4), 353-364.

菊池道子 (1990).「心理テストのまとめ方」私論——テスト・バッテリーから報告書の作成まで. 精神研心理臨床研究, 1, 10-21.

Klopfer, W.G. (1960). The psychological report: Use and communication of psychological findings. Grune & Stratton, Inc. 順天堂心理学グループ（訳）(1967). 臨床心理学的レポート——心理学的資料の用い方とその伝え方. 牧書店.

小林重雄・伊藤健次(2017). DAM グッドイナフ人物画知能検査ハンドブック　新版. 三京房.

Koch, K. (1957). Der Baumtest: Der Baumzeichenversuch als Psychodiagnostisches Hilfsmittel. Dritte umgearbeitete Auflage. Verlag Hans Huber. 岸本寛史・中島ナオミ・宮崎忠男 (訳) (2010). バウムテスト第3版——心理的見立ての補助手段としてのバウム画研究. 誠信書房.

鴻池朋子 (2020). 絵のうら側に言葉の糸をとおす. カタリココ文庫.

黒瀬直子 (2013). アルツハイマー型認知症の進行を予測するバウムテストにおける

指標の検討. 心身医学, 53 (5), 404-407.

隈元みちる (2018). 保護者支援としての協働的 WISC-Ⅳフィードバック──自身も発達障害を有する保護者との事例を通して. 心理臨床学研究, 36 (4), 377-386.

国吉政一・林勝造・一谷彊・津田浩一・斎藤通明 (1980). バウム・テスト整理表. 日本文化科学社.

Leibowitz, M. (1999). Interpreting projective drawing: A self psychological approach. Taylor & Francis. 菊池道子・溝口純二 (訳) (2002). 投影描画法の解釈. 誠信書房.

Lohmar, D. (2014). 数学における非言語的思考. 臨床哲学, 15 (2), 101-117.

Machover, K. (1949). Personality projection in the drawing of the human figure. C.C. Thomas. 深田尚彦 (訳) (1983). 人物画への性格投影. 黎明書房.

松澤広和(2008). 報告書の書き方. 下山晴彦・松澤広和(編). 実践心理アセスメント. 25-28. 日本評論社.

宮崎友香・森谷満 (2017). 慢性うつ病患者に対する治療的アセスメント. 札幌学院大学人文学会紀要, 101, 63-73.

宮下真由美 (2023). バウムテストと風景構成法に見る心の多層性──思春期の事例から. 日本描画テスト・描画療法学会第 32 回大会 発表抄録集.

籾山七海・馬場史津 (2019). 教示の違いが描画に与える影響──樹木画テストについて. 中京大学心理学研究科・心理学部紀要, 18 (1), 33-38.

中井久夫 (1970). 精神分裂病者の精神療法における描画の使用──とくに技法の開発によって作られた知見について. 芸術療法, 2, 77-90.

中島ナオミ (2016). バウムを読み解く──発達的側面を中心に. 誠信書房.

中村紀子・中村伸一 (1999). ロールシャッハ・フィードバック・セッション (Rorsch Feedback Session：RFBS) の方法と効用. 精神療法, 25, 31-38.

NHK 取材班(編著)(2012). ひとりじゃない──ドキュメント震災遺児. NHK 出版.

野田昌道 (2018). 司法領域における協働的／治療的アセスメント. 田澤安弘・橋本忠行 (編著). ナラティブと心理アセスメント──協働的／治療的につなぐポイント. 105-122, 創元社.

野口つばさ・馬場史津 (2016). 雨のイメージと「雨の中の私」の関連について. 中京大学心理学研究科・心理学部紀要, 15 (1・2 合併号), 19-25.

沼田和恵・小林理恵・大館徳子・石井 (本多) 早由里 (2016). 精神障害者のバウムテスト枠づけ二枚法からみた‘枠’があることの意味. 心理臨床学研究, 34 (1), 27-38.

奥田亮 (2019). 描画体験から考えるバウムテストの幹の解釈に関する理論的基礎づけ. 心理臨床学研究, 37 (4), 363-373.

文　　献

奥田亮（2022）．描画体験によるバウムテストの根と地面の解釈仮説の理論的基礎づけ．大阪樟蔭女子大学研究紀要，16，17-27.

奥田亮（2023）．描画体験過程から考えるバウムテストの解釈の理論的基礎づけ（4）——実を描くことについて．日本描画テスト・描画療法学会第32回大会　発表抄録集．

小川俊樹（2011）．絵画と臨床心理学——ロールシャッハ・テストはインクのしみではない？　心理学ワールド，54，9-12.

小川俊樹（2015）．投影法とは何か．小川俊樹・伊藤宗親（編著）．投影査定心理学特論．9-28，放送大学教育振興会．

小川紀雄・小川大輔（2019）．アルツハイマー型認知症に対する3種類の描画テスト同時施行の有用性．Therapeutic Research，40（3），235-24.

大倉朱美子・岡本三希子・岡本元純・山中康裕（2011）．糖尿病治療教育入院患者に出現したバウムテストの指標「幹の離接」の臨床的意義．心身医学，51（10），902-909.

大西泰斗・マクベイ，P.（2020）．英単語　基本イメージ集中講義，NHK出版．

佐渡忠洋・鈴木壮・田中生雅・山本眞由美（2012）．バウムの描画プロセスに関する研究——バウムはどこから描かれ，幹はどのように構成されるのか．臨床心理身体運動研究，14，59-68.

関則雄（2016）．臨床アートセラピー——理論と実践．日本評論社．

下山晴彦（2008）．臨床心理アセスメント入門——臨床心理学は，どのように問題を把握するか．金剛出版．

下山晴彦（監修）下山晴彦・宮川純・宮田修・国里愛彦（編著）（2021）．臨床心理フロンティア　公認心理師のための「心理査定」講義．北大路書房．

空井健三（1986）．人物画における男性像と女性像．臨床描画研究，1，33-49.

杉嶋洋子（2013）．ことばにされないものの表現としてのバウムテスト．心理臨床学研究，31（3），488-499.

杉浦京子・金丸隆太（2012）．投映描画法テストバッテリー——星と波描画テスト・ワルテッグ描画テスト・バウムテスト．川島書店．

Schneider, W.J., Lichtenberger, E.O., Mather, N., Kaufman, N,L.（2018）．Assessment report writing 2nd edition. John Wiley and Sons, Inc. 上野・染木（監訳）（2023）．エッセンシャルズ　心理アセスメントレポートの書き方　第2版．日本文化科学社．

田嶌誠一（2011）．心の営みとしての病むこと——イメージの心理臨床．岩波書店．

高橋雅春（1974）．描画テスト入門——HTPテスト．文教書院．

高橋雅春・高橋依子（1986）．樹木画テスト．文教書院．

高橋依子（2007）．描画テストにおける PDI によるパーソナリティの理解——PDI から PDD へ．臨床描画研究，22，85-98．

高橋雅春・高橋依子（2010a）．樹木画テスト．北大路書房．

高橋雅春・高橋依子（2010b）．人物画テスト．北大路書房．

高橋依子（2011）．描画テスト．北大路書房．

滝浦孝之（2017）．バウムテスト個別指標の男女別出現率の区間推定——文献的検討．いわき明星大学研究紀要　人文学・社会科学・情報学篇，2，71-87．

竹内健児（2009）．心理検査の伝え方と活かし方．竹内健児（編）．事例でわかる心理検査の伝え方・活かし方．7-23，金剛出版．

竹内健児（2016）．心理検査の客観的で支持的なフィードバックを目指して．竹内健児（編）．心理検査を支援に繋ぐフィードバック——事例でわかる心理検査の伝え方・活かし方第 2 集．3-18，金剛出版．

為季周平・種村純（2022）．高次脳機能障害に対するバウムテストの有用性について．川崎医療福祉学会誌，32（1），83-90．

田中志帆（2012）．教育臨床アセスメントとしての動的学校画——教育相談・学校臨床への活用を目指して．風間書房．

津川律子（2015）．検査結果のフィードバックに関する考え方．高橋依子・津川律子（編著）．臨床心理検査バッテリーの実際．199-209，遠見書房．

津川律子・篠竹利和（2010）．シナリオで学ぶ医療現場の臨床心理検査．誠信書房．

植田愛美（2018）．描画を眺める際における熟練者の主観的体験に関する研究——黒－色彩樹木画テストを通して．佛教大学大学院紀要，社会福祉学研究科篇　社会学研究科篇　教育学研究科篇，46，135-148．

Viglione, D.J., & Rivera, B.（2013）．Performance assessment of personality and psychopathology. 600-621. In J.R. Graham, J.A. Naglieri, & I. B. Weiner（Eds.）. Handbook of psychology: Assessment psychology 2nd Edition. John Wiley & Sons, Inc.

依田尚也（2017）．ロールシャッハ・アセスメントシステム（P-PAS）を用いたフィードバックの検討．ロールシャッハ法研究，21，1-9．

吉田統子（2018）．医療領域における心理アセスメント——バウムテストと SCT を用いて．田澤安弘・橋本忠行（編著）．ナラティブと心理アセスメント——協働的／治療的につなぐポイント．89-104，創元社．

吉村聡（2016）．心理検査の臨床的な活用について考える．竹内健児（編）．心理検査を支援に繋ぐフィードバック——事例でわかる心理検査の伝え方・活かし方第 2 集．195-203，金剛出版．

索　引

人名索引

阿部恵一郎……………………… 40, 175

石井雄吉……………………………33

奥田亮……………………… 39, 63

加藤志ほ子…………………………69

菊池道子…………………………74

岸本寛史……………………… 21, 52, 175

グッドイナフ（Goodenough, F.L.）…23

国吉政一……………………… 175

コッホ（Koch, K.）…………… 33, 53

ジレスピー（Gillespie, J.）……… 24, 34

杉浦京子…………………………29

空井健三…………………………64

高橋雅春………28, 40, 42, 45, 55-58, 66

高橋依子………… 40, 42, 45, 47, 55-58, 66

竹内健児……………………… 74, 76

津川律子……………… 28, 52, 79, 180

中井久夫…………………………25

バック（Buck, L.N.）………………28

ハマー（Hammer, E.F.）………………24

日比裕泰……………………… 33, 53

フィン（Finn, S.E.）… 18, 161, 179, 180

フェルナンデス（Fernandez, L.）… 142

ボーランダー（Bolander, K.）……… 123

マコーバー（Machover, K.）…… 25, 33

松澤広和………………………………74

吉田統子……………………… 81, 150

吉村聡……………………… 69, 82

レボウィッツ（Leibowitz, M.）…48, 101

事項索引

〈数字・アルファベット〉

3枚法…………………………………30

HTPテスト［HTPPテスト］…………28

Rey-Osterrieth複雑図形………………22

〈あ〉

曖昧な質問……………………… 108

アセスメント・クエッション…… 80, 94

意識水準……………………… 71, 113

　意識的水準［意識的側面］ 27, 28, 41

　無意識的水準［無意識的側面］ 27, 41

イメージの自律性………………………43

違和感……………… 48, 54, 119

雨中人物画…………………………24

鉛筆…………………………………32

オノマトペ……………… 48, 72

〈か〉

掛け算……… 55, 126, 128, 129, 131, 134

仮説を立てる… 17, 85, 89, 120, 135, 146, 172

家族画……………………………… 19, 33

　動的――…………… 25, 33, 39, 43, 52

鑑別診断［鑑別的］………… 21, 28, 139

共感……………………… 32, 164, 173

　運動感覚的な――……………… 48, 64

教示…………………… 32, 98, 102

クラスター…………………………69

形式分析………… 49, 50, 52, 103, 117

芸術療法………………… 44, 115, 174

言語的情報……………… 20, 79, 114, 145

検査目的……………… 73, 78, 145

コアイメージ…………………………55

　陰影・抹消の――………… 62, 128

　サイズの――……………… 60, 67

　スピードの――…………………57

　内容分析の――…………………64

　破線の――……………………58

　筆圧の――…………… 56, 67, 129

　連続性の――………… 58, 128, 130

語彙力…………………… 77, 144, 151, 157

行動観察………………………… 36, 39

心の声……………………… 119, 120

個人間比較………… 54, 72, 104, 150

個人内比較………… 54, 72, 124, 150

〈さ〉

再統合…………………… 72, 135

実況中継……………… 37, 100, 120

出現頻度［出現率］………… 53, 54, 124

樹木画テスト……………… 33, 42, 53

象徴解釈…………………… 50, 52

食レポ……………………… 46, 52, 142

新版 K 式発達検査 ………………24

人物画テスト
　（Draw-a-Man test：DAM）………23

人物画テスト
　（Draw-a-Person test：DAP）… 25, 53

心理アセスメント…… 17, 80, 86, 95, 155

ストーリー………… 66, 69, 72, 132, 148

生物－心理－社会モデル…… 22, 90, 132, 172

全体的評価…… 45, 77, 99, 101, 111, 103, 117, 144, 152, 175

〈た〉

第三者の視点……………… 87, 167

多義性………………… 25, 40, 64, 177

直観的印象……………… 45, 46, 49

治療的アセスメント………… 18, 44, 80, 115, 157, 161

追体験………… 39, 50, 114, 119, 120

通訳…………………………78

ディスクリプション…… 50, 51, 117, 121, 150, 175

テストバッテリー…………… 27, 41, 90

伝統的／情報収集的アセスメント… 18, 115, 157

動機づけ………………… 32, 95, 154

統語構造………………… 66, 70

動的学校画………………………25

透明性……………………62

〈な〉

内容分析…………… 49, 50, 53, 103, 117

認知機能のアセスメント……………23

〈は〉

バウムテスト……… 20, 21, 33, 42, 53, 86
反応過程のメタファーモデル…………65
　　プロジェクター論
　　　［プロジェクター的］………… 36, 65
　　問題解決論……………………………36
　　レントゲン論［レントゲン的］… 36, 65
非言語的・視覚的表現………… 19, 47
非言語的情報……… 20, 79, 94, 114, 145
必須成分／随意成分……………………71
描画後の質問（Post Drawing
Interrogation：PDI）… 40, 104, 108
描画順………………… 37, 101, 104, 119
描画プロセス………… 37, 44, 50, 112
病態水準………………………………21
風景構成法……………………… 25, 29
ブラインドアナリシス……………… 148

プランナー……………………………82
ベンダー・ゲシュタルト・テスト……22
ベントン視覚記銘検査………………22
棒人間…………………………………35
母子画………………… 24, 34, 43, 53
星と波テスト………………… 24, 29
翻訳…………………… 151, 167

〈ま〉

マニュアル主義的態度…………………76
メビウスの木………………… 22, 26, 53
模写………………… 50, 63, 118, 121, 150

〈や・ら・わ〉

用紙…………………………………31
料理の本の一覧表………………… 135
ロールシャッハ・テスト…… 27, 28, 89
枠なし・枠あり法………………………30
ワルテッグ描画テスト…………… 24, 29

著者略歴

馬場史津（ばば・しづ）

　京都府生まれ。中京大学大学院文学研究科修士課程を修了後，小児科や精神科にて臨床心理援助職として勤務。その後，文教大学大学院人間科学研究科博士後期課程に進学して博士（心理学）の学位を取得。現在は中京大学心理学部心理学科教授。臨床心理士，公認心理師。日本描画テスト・描画療法学会常任理事。大学では「感じ，考え，表現する」をコンセプトとして学生の指導に携わる。修了生を対象とした事例検討会「Yagoto Art ＋ Project」を主宰し，描画法やロールシャッハ・テストの解釈過程をイメージや言葉で表現することに取り組んでいる。

　主な著書：『母子画の基礎的・臨床的研究』（北大路書房，2005），『こころのケアの基本―初学者のための心理臨床』（分担執筆，北樹出版，2013），『臨床心理学の実践：アセスメント・支援・研究』（分担執筆，金子書房，2013），『描画からわかる子どもの危機と成長のサイン』（編集，黎明書房，2018）ほか。

描画テストの読み方

事例検討会を通して学ぶ実施・解釈・所見

2024 年 9 月 20 日　印刷
2024 年 9 月 30 日　発行

著　者　馬場史津

発行者　立石正信

発行所　株式会社金剛出版
　　　　〒 112-0005　東京都文京区水道 1-5-16
　　　　電話 03-3815-6661　振替 00120-6-34848

装丁　臼井新太郎

組版　古口正枝

印刷・製本　デジタル総合印刷

ISBN978-4-7724-2065-5　C3011　　　　　　　©2024 Printed in Japan

JCOPY 〈（社）出版者著作権管理機構 委託出版物〉
本書の無断複製は著作権法上での例外を除き禁じられています。複製される場合は，そのつど事前に，
出版者著作権管理機構（電話 03-5244-5088，FAX 03-5244-5089，e-mail: info@jcopy.or.jp）の許諾を得て
ください。

子どものアートセラピー実践ガイド
発達理論と事例を通して読み解く

［著］=アネット・ショア
［監訳］=高橋依子　［訳］=高橋真理子

●A5判　●並製　●270頁　●定価 **4,180**円
● ISBN978-4-7724-1645-0 C3011

子どもの発達過程に沿いながら、
アートセラピーの理論的枠組と、精神分析的手法を援用した
多くの事例をもとに解説する。

新装版 バウムテスト活用マニュアル
精神症状と問題行動の評価

［著］=ドゥニーズ・ドゥ・カスティーラ
［訳］=阿部惠一郎

●A5判　●並製　●256頁　●定価 **3,960**円
● ISBN978-4-7724-1962-8 C3011

バウムテストの「サイン」には膨大な情報が詰まっている。
あなたはそれをどこまで読み取れるか？
20年の歴史を振り返り、改めて「読み方」を考える。

バウムテスト Q & A

［著］=阿部惠一郎

●A5判　●並製　●136頁　●定価 **2,640**円
● ISBN978-4-7724-1690-0 C3011

一見簡単そうに見えて、使ってみると実は結構難しいバウムテスト。
どうやって読んでいくの？という疑問を
Q & A方式で解決していく。

価格は10%税込です。

バウムテストの読み方
象徴から記号へ

［著］＝阿部惠一郎

●B5判 ●並製 ●208頁 ●定価 **3,520**円
● ISBN978-4-7724-1321-3 C3011

長年、バウムテストを使用してきた著者による手引書。
テストの実施方法から読み方まで丁寧に解説する。
巻末には、いままでのバウムテストのサイン対照表を掲載。

バウムテスト

［著］＝ルネ・ストラ
［訳］＝阿部惠一郎

●A5判 ●並製 ●300頁 ●定価 **3,520**円
● ISBN978-4-7724-1619-1 C3011

描画サインから人を「読む」バウムテスト。
「読み方」をマスターすれば、
その人を見ずしてもその人のすべてがわかる。

樹木画テストの読みかた
性格理解と解釈

［著］＝リュディア・フェルナンデス
［訳］＝阿部惠一郎

●A5判 ●並製 ●150頁 ●定価 **2,750**円
● ISBN978-4-7724-0922-3 C3011

樹木画から「心理学的サイン」を見つけ出し、
「読みかた」をコンパクトに示す。
臨床家のための待望のプラクティカル・ガイド

価格は10％税込です。

コラージュ療法のすすめ
実践に活かすための使い方のヒント

[監修]＝森谷寛之
[編]＝日本コラージュ療法学会

●A5判 ●並製 ●244頁 ●定価 **3,960**円
● ISBN978-4-7724-1994-9 C3011

簡便で取り組みやすい「切り貼り遊び」の
さまざまな臨床領域での実践例や他の心理療法との併用，
他分野への応用といった広がりを紹介する。

協働的／治療的アセスメント・ケースブック

[著]＝スティーブン・フィン コンスタンス・フィッシャー レオナード・ハンドラー
[監訳]＝野田昌道 中村紀子

●A5判 ●上製 ●352頁 ●定価 **4,950**円
● ISBN978-4-7724-1998-7 C3011

成人から子ども・思春期・若者のアセスメントまで、
クライアントが“人生の主人公”になる
「協働的／治療的アセスメント」を解説する。

臨床心理学スタンダードテキスト

[編集]＝岩壁 茂 遠藤利彦 黒木俊秀 中嶋義文
中村知靖 橋本和明 増沢 高 村瀬嘉代子

●B5判 ●上製 ●1,000頁 ●定価 **16,500**円
● ISBN978-4-7724-1916-1 C3011

臨床領域・学問領域ごとに第一人者が展開する集合知の結晶。
つねに座右に置いて日々の臨床を検証し、
みずからの臨床知を深化させていくためのスタンダードテキスト。

価格は10％税込です。